CALLWEY

Gert Kähler, Bettina Hintze

Die besten Einfamilienhäuser unter 1.500 Euro/m²

Kostengünstig und effizient

Deutschland – Österreich – Schweiz

HÄUSER·AWARD 2006

DER WETTBEWERB **HAUS DES JAHRES** IN ZUSAMMENARBEIT MIT **SCHÜCO** UND **VPB**

Gert Kähler, Bettina Hintze

Die besten Einfamilienhäuser unter 1.500 Euro/m²

Kostengünstig und effizient

Deutschland · Österreich · Schweiz

CALLWEY

6 Vorwort
7 Über dieses Buch
8 Einleitung
Gert Kähler

Die Preisträger

1. Preis
22 **Die Quadratur der Röhre**
Einfamilienhaus in Roßdorf
netzwerkarchitekten

2. Preis
28 **Reduktion als Prinzip**
Einfamilienhaus in Stuttgart
(se)arch Stefanie und Stephan Eberding

3. Preis
34 **Aus zwei mach eins**
Einfamilienhaus in Rösrath/Forsbach
Oxen + Römer

Anerkennungen

Deutschland

40 **Logenplatz im Grünen**
Einfamilienhaus in Hamburg
Christine Timmermann

44 **Schwebender Raumbalken**
Einfamilienhaus in Bremen-St.Magnus
Jan-Niclas Döpkens und Thorsten Nagel

48 **Aufgeschlossen**
Einfamilienhaus in Schönwalde bei Berlin
Christine Edmaier

52 **Ausbaufähig**
Einfamilienhaus in Falkensee bei Berlin
Julia Bergmann mit kleyer.koblitz.architekten

56 **Schöne Aussichten**
Einfamilienhaus in Groß Glienicke
neumann landwehr architekten

62 **Moderner Klassiker**
Einfamilienhaus in Berlin
Becher + Rottkamp

66 **Klein, kompakt und kostengünstig**
Einfamilienhaus in Komptendorf
Keller + Wittig

70 **Raum für Veränderung**
Einfamilienhaus in Bochum
Heiderich Hummert Klein

74 **Das Treppen-Haus**
Einfamilienhaus in Köln
Scheuring und Partner

80 **Plastisches Gestalten**
Einfamilienhaus in Zwickau
aboa aufbauostarchitekten

84 **Schicht für Schicht**
Einfamilienhaus in Mühltal
liquid architekten + christiane treiber

88 **Planung mit Weitblick**
Einfamilienhaus in Heilbronn
müller architekten

92 **Mit Hang zur Sonne**
Einfamilienhaus in Heilbronn
müller architekten

98 **Klein aber fein**
Einfamilienhaus in Esslingen
Barth-Architekten

102 **Arbeitsplatz mit Ausblick**
Zweipersonenhaus in Asselfingen
Biehler Weith Associated

106 **Doppelt klappt besser**
Wohnhaus mit Atelier in Sielenbach
Mühlich, Fink & Partner

110 **Kontrastprogramm**
Einfamilienhaus in München
Nikolaus Meißler Marion Hlawatschek

114 **Kunstvolles Konzept**
Einfamilienhaus in München-Grünwald
Gassner & Zarecky

118 **Höhensprung**
Wohnhaus mit Werkstatt in Ochsenhausen
Claudia Habrik-Sailer

124 **Wohl temperierte Architektur**
Patchworkhaus in Müllheim/Baden
Pfeifer Roser Kuhn Architekten

128 **Loftraum mit Anschluss**
Wohn- und Geschäftshaus in Sasbach
Thomas Bechtold

132 **Außen wie gewohnt, innen ungewohnt**
Doppelhaushälfte in Tutzing bei München
ads architektur & design

136 **Ein guter Dreh**
Stadtvilla in Konstanz
Biehler Weith Associated

140 **Bescheidenheit als Zier**
Einfamilienhaus in Lörrach
wilhelm und partner

Österreich

144 **Zuwachs in Zitronengelb**
Wohnbox in Linz
Caramel architekten

148 **Innere Größe**
Einfamilienhaus in Irdning
x architekten mit Monika Liebmann

Schweiz

152 **Introvertiert**
Einfamilienhaus in Domat/Ems
Philipp Wieting – Werknetz Architektur

156 Architektenverzeichnis und Bildnachweis
159 Impressum

Die Jury:
Kristin Feireiss, Galerie Aedes, Berlin
Kaspar Kraemer, Präsident des BDA
Klaus Becker, Leiter Schüco Fassadentechnik
Jürgen B. Schrader, Vorsitzender des Vorstands des VPB
Wolfgang Nagel, Chefredakteur von HÄUSER

Bauen sei teuer, mit einem Architekten zumal: Ich halte diese weit verbreitete Meinung für ein Vorurteil. Darum hat HÄUSER einen Wettbewerb zum Thema „Preisgünstig bauen" ausgeschrieben, wie im Vorjahr zusammen mit der Schüco International KG und dem Verband Privater Bauherren VPB.

In diesem Buch sind die dreißig besten von 250 Einfamilienhäusern versammelt, die für den HÄUSER-Award 2006 eingereicht wurden. Die Preisspanne reicht von 60.000 bis 542.000 Euro. Wie bitte? Preisgünstig? Nun, für eine gute halbe Million bietet die Stadtvilla in Konstanz auch 378 Quadratmeter Wohn- und Nutzfläche, mehr als sechsmal so viel wie das billigste Objekt, eine kleine Wohnbox in Linz, und so betrachtet sind die Baukosten durchaus nicht mehr überdimensioniert.

Bei der Ausschreibung war uns durchaus klar, dass wir uns auf ein heikles Terrain begeben, wenn wir die Baukosten zum Thema eines Wettbewerbs machen. Billig bauen um jeden Preis – darum ging es uns ausdrücklich nicht. Das Ergebnis wäre ein Sammelsurium mehr oder weniger origineller Sperrholzbuden, die für einen speziellen Zweck durchaus sinnvoll sind, aber wenig Nutzwert für andere Bauherren bieten. Wir fanden es interessanter und anregender zu zeigen, was für Häuser entstehen können, wenn Architekten wirklich kostenbewusst ans Werk gehen. Um ihre Arbeiten vergleichbar zu machen, haben wir 1.500 Euro pro Quadratmeter Wohn- und Nutzfläche als Höchstgrenze festgelegt. Zugegeben, das ist nicht Low Budget, aber doch deutlich weniger als der Quadratmeterpreis hochwertiger Fertighäuser oder so mancher gehobenen Eigentumswohnung in der Stadt. Und es ist ein Preis, für den man auch herausragende Qualität erwarten kann.

Uns war klar, dass unsere Definition von „preisgünstig" große Häuser gegenüber kleinen bevorteilt – irgendwo muss man halt Kompromisse machen. Trotzdem hat der Wettbewerb ein beeindruckendes Spektrum von Häusern verschiedenster Abmessungen zusammengebracht. Und damit den Beweis geliefert, dass es nicht unbedingt „teuer" sein muss, sein Haus ganz individuell von einem Architekten planen zu lassen. Der preisgünstigste Bau in diesem Buch, bezogen auf den Quadratmeterpreis, ist mit 578 Euro ein 200-Quadratmeter-Haus in der Nähe von Cottbus (allerdings auch deswegen, weil die Eigentümer persönlich beim Bau kräftig mit angepackt haben).

Noch etwas war uns wichtig: Viele Bauherren unterschätzen die Folgeaufwendungen eines Einfamilienhauses. Einen immer größeren Anteil daran haben die Energiekosten. Allein während der einjährigen Laufzeit unseres Wettbewerbs verteuerte sich Heizöl um fast 50 Prozent. Die Bundesregierung führt darum in diesem Jahr den Energiepass für private Immobilien ein. Wir haben bereits im Vorwege die Energiekennzahlen für die Wettbewerbshäuser errechnen lassen. Konnte ein Haus mit besonders günstigen Werten ein langfristiges Sparpotenzial nachweisen, hat das im einen oder anderen Fall die Jury-Entscheidung beeinflusst.

Denn auch das müssen Bauherren und Architekten schon bei der Planung berücksichtigen: Was ein preisgünstiges Haus ist, zeigt sich manchmal erst im Lauf der Jahre.

Wolfgang Nagel
Chefredakteur von HÄUSER

Das vorliegende Buch dokumentiert die Wettbewerbsergebnisse. Die hier vorgestellten aktuellen Beispiele aus Deutschland, Österreich und der Schweiz belegen, dass man auch zu erschwinglichen Preisen individuell, energiebewusst und in hervorragender gestalterischer und funktionaler Qualität bauen kann. Alle 27 ausgezeichneten sowie die drei preisgekrönten Projekte wurden von Architektinnen und Architekten geplant. Ob Holz-, Stahl- oder Massivbau, ob klassisch-modern, konventionell oder experimentell – so unterschiedlich die einzelnen Häuser auch sind, haben sie doch alle eines gemeinsam: Ihre Baukosten, bezogen auf den Quadratmeter Wohn- und Nutzfläche, liegen unter 1.500 Euro. Die nachfolgende Sammlung ausgewählter Bauten bietet somit nicht nur viele interessante Anregungen und Informationen, sondern ist auch der beste Beweis dafür, dass gute Architektur keine Frage des Budgets, sondern vor allem der Kreativität ist.

Jedes Haus wird ausführlich in Bild und Text vorgestellt: Attraktive Innen- und Außenaufnahmen veranschaulichen das gebaute Ergebnis, die Originalzeichnungen der Architekten sowie eine Zusammenfassung der wichtigsten Gebäudedaten liefern notwendige Hintergrundinformationen. Der Text zum Projekt gibt Auskunft über die jeweilige Ausgangssituation, die unterschiedlichen Beweggründe der Bauherrinnen und Bauherren, die architektonische Gestaltung sowie Bauweise und Materialien.

Zeichnungen

Grundrisse und Schnitte sind einheitlich im Maßstab 1:200 wiedergegeben. Das heißt, 1 Zentimeter im Plan entspricht 200 Zentimetern, also 2 Metern, in der Wirklichkeit. Um die Orientierung und Einbindung des Gebäudes in das städtebauliche Umfeld sowie seine Lage auf dem Grundstück darzustellen, ist zu Beginn eines jeden Kapitels ein nicht maßstäblicher Lageplan beigefügt, in dem der Neubau schwarz hervorgehoben ist.

Gebäudedaten

Die wichtigsten Informationen zu jedem Projekt werden in den Gebäudedaten in übersichtlicher Weise zusammengefasst: Sie geben Auskunft über Grundstücksgröße, Wohn- und Nutzfläche, Anzahl der Bewohner, Bauweise, Baukosten, Energiekennwerte sowie das Baujahr. Alle Kostenangaben beinhalten im Sinne der DIN 276 die so genannten reinen Baukosten inklusive der Mehrwertsteuer in den einzelnen Ländern. Nicht enthalten sind darin die Grundstücks-, Erschließungs-, Bauneben- und Finanzierungskosten. Bei einigen Projekten wurden die Kosten auf Wunsch der Bauherren nicht veröffentlicht.

Als Energiekennwert wird neben dem flächenbezogenen Jahres-Heizwärmebedarf des Gebäudes auch der Primärenergiebedarf genannt (beide Angaben in kWh/m^2a).

Der Nachweis dieses Kennwerts ist seit Einführung der Energieeinsparverordnung (EnEV) 2002 Pflicht. Der Primärenergiebedarf dient unter anderem auch als Beurteilungsgröße für ökologische Kriterien, etwa die CO_2-Emission: Er gibt an, wie viel Energie – von der Quelle bis zum Verbraucher – benötigt wird, um den Wärmebedarf zu decken. Damit werden also auch die Verluste bei der Gewinnung, Umwandlung und Verteilung der jeweils eingesetzten Energieträger berücksichtigt.

I Preisgünstig, energieeffizient, schön – ein kleiner Streifzug durch 100 Jahre Einfamilienhausbau

von Gert Kähler

Gläserner Kubus im Grünen: das Einfamilienhaus von Meißler Hlawatschek Architekten in München (Projekt S. 110).

„Prämiert werden kostengünstige, energiebewusste Einfamilienhäuser, die zeigen, wie sich auch mit niedrigem Budget hervorragende gestalterische und funktionale Qualitäten erzielen lassen" – so hieß es in der Ausschreibung zum Wettbewerb, dessen Beiträge dieser Auswahl zugrunde liegen: Nichts weniger als die Quadratur des Zirkels war also verlangt, an der schon so viele große Geister gescheitert sind!

Schön und preisgünstig – das ist die Vorgabe, die die meisten Bauherren und -frauen ihren Architekten machen; das Budget ist immer zu klein, die Wünsche immer zu groß. Es sei denn, man ist wirklich reich und wohnt dann in der Villa – die könnte man definieren als das „Einfamilienhaus im Überfluss". Die Alternative dazu wäre das, was sich der große Le Corbusier als Ferienhaus gebaut hat, seine Cabana am Mittelmeer: streng seinen Maß-Regeln folgend, Ausdruck höchster Askese und demonstrativer Bedürfnislosigkeit, und auf keinen Fall mit Frau und Kindern zu nutzen. Was hier hingegen gesucht wird, ist das Normale, soweit die Familie aus Mama, Papa und zwei Kindern noch als normal gelten kann: die Kleinfamilie, die mangels besserer Alternativen unserer Gesellschaft zugrunde liegt.

Die Frage danach, wie man für diese soziale Gruppierung angemessenen Wohnraum schaffen kann, ist keine Erfindung des 21. Jahrhunderts; einen gewichtigen Unterschied zu heute gab es indes, seitdem man – spätestens seit der Mitte des 19. Jahrhunderts – die Frage nach dem „besten Machbaren" stellte: Früher wurde klassenbewusst gebaut. Man wusste, ob man für Aufsteiger aus der Arbeiterklasse oder für das gesittete mittlere Bürgertum baute, und man baute für beide unterschiedlich. Und das selbst dann noch, als diese Klassen längst hätten überwunden sein müssen, als nämlich mit der Weimarer Verfassung in den zwanziger Jahren die gesellschaftliche Gleichheit Verfassungsrang besaß.

▌Die kleinstmögliche Wohneinheit als Ort der Askese: Le Corbusiers eigenes Ferienhaus am Mittelmeer (1952).

▌Der Innenraum des Mini-Hauses: großformatige Sperrholzplatten dienen als Wandverkleidung.

Arbeiter- und Bürgerhaus – zwei Beispiele

Im Sommer 1926 gab es zum Beispiel in Düsseldorf eine Ausstellung mit dem schönen Namen „Gesolei" – ein sensationeller Publikumserfolg, von dem noch heute wichtige Bauten zeugen. Die schöne Abkürzung stand für „Gesundheitspflege, soziale Fürsorge und Leibesübungen" – man stelle sich ein solches Konzept heute vor (vermutlich würde es „Wellness, Fit for Hartz IV und Other Fun" heißen)!

Auf der Ausstellung jedenfalls wurden zwei Häuser vorgestellt, die nicht untypisch für die damalige Zeit waren. Das eine war das so genannte „Haus des Vorstadt-Arbeiters" vom Architekten Hans Spiegel, das andere ein „Haus des geistigen Arbeiters" von Professor Fritz Becker und Dr.-Ing. Erich Kutzner.

Lassen Sie uns die beiden einmal näher betrachten: Das Haus in der Vorstadt für den Arbeiter (Abb. S.10) hat eine Grundfläche von immerhin rund 140 Quadratmetern einschließlich eines Stalls für das Kleinvieh – nicht eben bescheiden. Aber das Leben in der Vorstadt sollte ja nicht etwa wegen der guten Luft, sondern wegen der Möglichkeit der teilweisen Selbstversorgung dort stattfinden: Kleinvieh macht auch Mist und selbst angebauter Kohl schmeckt besser als gar keiner.

Der Bau, so sein Architekt in seiner Erläuterung, war nach der Maxime angelegt: „Der Wohnungsbau wird angeregt und geleitet zumeist durch die Frau, die leider durch Erziehung und den Mangel an selbsttätiger Betätigung vor der Ehe beengt, rückständig und unselbständig denkt" – eine Erkenntnis von der Aufgabenverteilung zwischen Mann und Frau, die in den zwanziger Jahren immerhin noch ohne Skandal geäußert werden konnte. Der Architekt bemisst die Wohnung nach seinen schichtspezifischen Vorstellungen, auf die er zu jener Zeit sicher nicht das Monopol besaß: „Wohnungen mit Küche und 2 bis 3 oder 4 Zimmern und Stall für den Siedler und Arbeiter; Küche

Das „Haus des Arbeiters in der Vorstadt" auf der Ausstellung „Gesolei" (Düsseldorf 1926) vom Architekten Hans Spiegel.

Unten: Grundrisse Erdgeschoss und Obergeschoss

mit 4 oder 5 Zimmern mit Bad (denn das fehlte bei der Arbeiterwohnung! Anm. d.V.) und Mädchenzimmer für den Beamten, Angestellten und Geschäftsmann."

Entsprechend ist der Grundriss des Arbeiterhauses ausgebildet: Man betritt das Haus über eine „Halle" – etwas zugig, weil im Freien, links die Küche mit der Badewanne für das Bad am Samstagabend, rechts Abort und Stall –, dort wächst zusammen, was zusammengehört. Drei Schlafzimmer, ein Wohnzimmer mit Ruhebett für Vaters Nachmittagsschlaf am Sonntag, im Obergeschoss reichlich Speicher- und Schrankraum.

Der Grundriss ist ein wenig ungeordnet, aber man wird ihn – immerhin ja Ausstellungsbau! – für etwa typisch halten müssen: typisch für das, was man für ideal hielt, es war keineswegs die Realität des Wohnens in den zwanziger Jahren. Die war immer noch durch die mittelalterlichen Stadtstrukturen und die Erweiterungen des 19. Jahrhunderts geprägt, wenn man auch nicht so dicht gedrängt wohnte wie noch vor dem Ersten Weltkrieg – eine Folge von Inflation und Mietpreisbindung.

Was die Innenräume des Arbeiterhauses betrifft, handelt es sich jedoch um eine Wohnungseinrichtung, die mit dem Wort „bieder" eher schmeichelhaft umrissen ist: Kamin, Holzbalkendecke, Sitzgruppe. Der Architekt schreibt zum Wohnzimmer: „Dessen Raumcharakter wird bestimmt durch eine in der Fensterbank angeordnete Truhenbank, eingebauten Geschirr- und Bücherschrank sowie einem in einer Raumnische angeordneten Ruhebett." Der bürgerliche Architekt verordnete ein kleinbürgerliches Ambiente für den Arbeiter, der zu Höherem streben sollte; „modern" war das ganz und gar nicht.

Das Gegenstück dazu bildet das „Haus des geistigen Arbeiters" auf der gleichen Ausstellung, als Musterhaus im Auftrag der Handwerkskammer entworfen, und als „neuzeitlich" deklariert. Ein Kommentator in der *Bauwelt* schreibt 1926 dazu, die Architekten hätten „gezeigt, dass sich Schönheit der räumlichen Verhältnisse und eine gewisse Behaglichkeit, wenn man die Aufgabe richtig anfasst, sozusagen von selbst ergeben" – das wollen wir überprüfen.

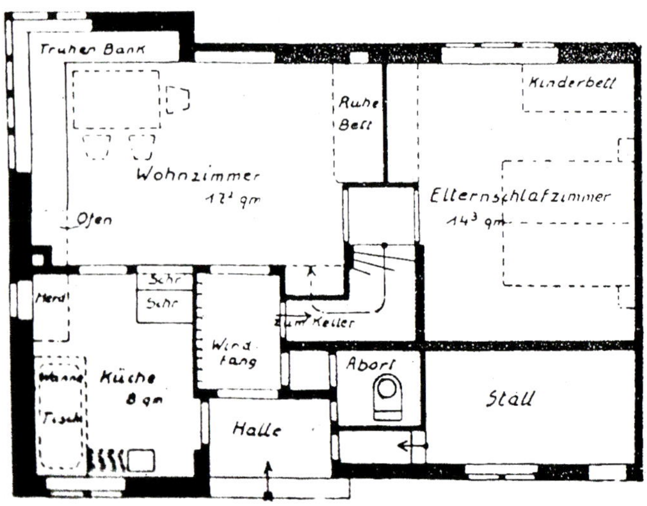

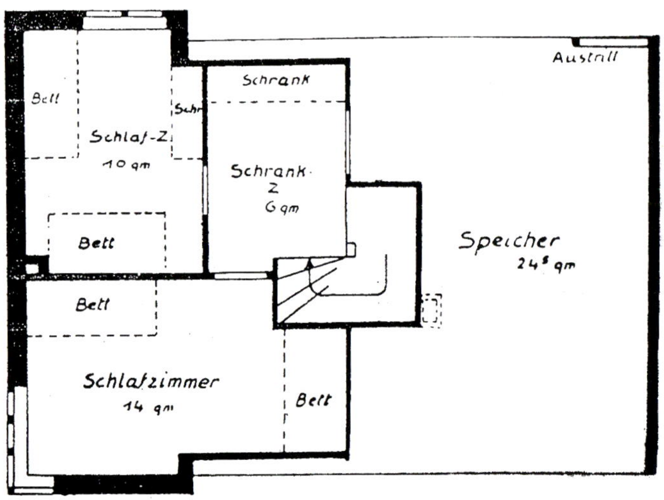

▌Das „Haus des geistigen Arbeiters" (Düsseldorf 1926) nach dem Entwurf von Fritz Becker und Erich Kutzner.

▌Unten: Grundrisse Erdgeschoss und Obergeschoss

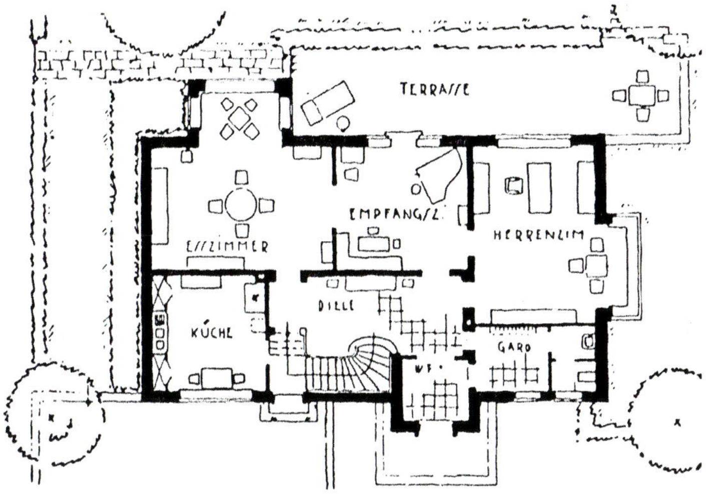

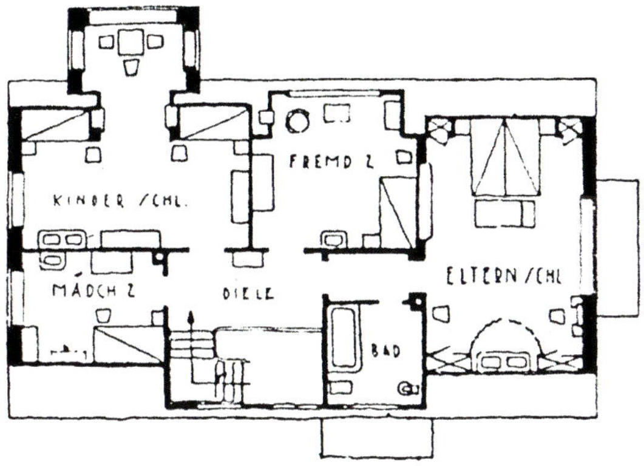

Das Raumprogramm ist gegenüber dem Arbeiterwohnhaus signifikant anders: anstelle eines Stalls gibt es jetzt ein Herrenzimmer, ein Empfangszimmer mit einem Pianoforte und im Obergeschoss statt der zwei Kinderzimmer für den kinderreichen Proletarier nur eines, dafür aber ein Zimmer für Gäste und eines für das Dienstpersonal, das nur unwesentlich kleiner als das wenig benutzte Gästezimmer ist. Selbstverständlich hat man in diesen Kreisen ein Bad.

Gegenüberstellungen wie diese haben ihre komischen Reize. Dahinter kann man aber einiges mehr ablesen, das insbesondere unseren Blick auf den Wohnungsbau der zwanziger Jahre etwas korrigiert. Denn der ist doch weitgehend immer noch vom Blick auf die Ästhetik geprägt, auf die „weiße Moderne", das „Neue Bauen" – kurz: auf die Mies van der Rohes und Le Corbusiers, die bis heute ihren Einfluss nicht verloren haben; man kann es an den Beispielen in diesem Buch ablesen.

Tatsächlich – und das zeigen die beiden Häuser der zwanziger Jahre und ein Blick aus dem Fenster an den Stadtrand heute –, tatsächlich haben die Häuser der „weißen Moderne" mit der gebauten Realität des Einfamilienhauses nicht viel zu tun. Das ist nicht so, weil „die Geschmäcker nun mal verschieden sind" und „man über Geschmack auch nicht streiten kann"; das ist so deshalb, weil sich bestimmte Schichten – Klassen nannte man sie früher – immer noch mit einer bestimmten Ästhetik identifizieren: Wenn man heute die Bewohner der hier gezeigten Häuser in ihren Eigenschaften typisierte, dann gäbe es innerhalb dieser Gruppe größere Übereinstimmungen als mit einer Gruppe von Bewohnern, die bei gleichem Einkommen sich in altdeutschem Mobiliar und in Bauten aus Fachwerk und Butzenscheiben eingerichtet haben.

Typus oder Einzelstück?

Die gesellschaftlichen Zusammenhänge sollen hier nicht weiter untersucht werden, da es nicht um Soziologie geht; sie sind aber im Hinterkopf zu behalten, wenn wir versuchen, dem Problem des preiswerten, familiengerech-

▌Ansicht und Grundrisse des Arbeiterhauses, das Joseph Maria Olbrich im Auftrag der Firma Opel 1908 in Darmstadt baute.

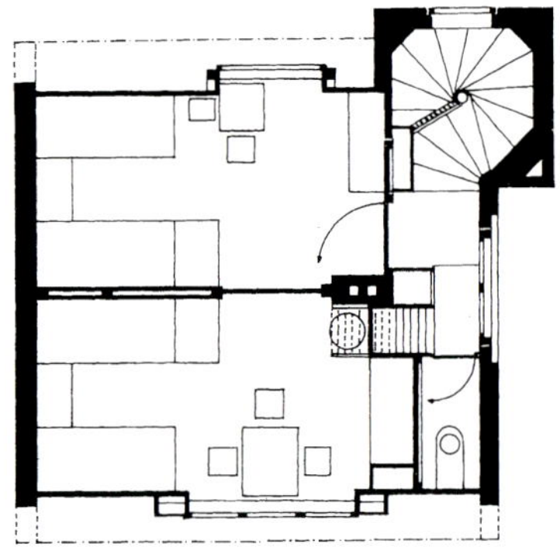

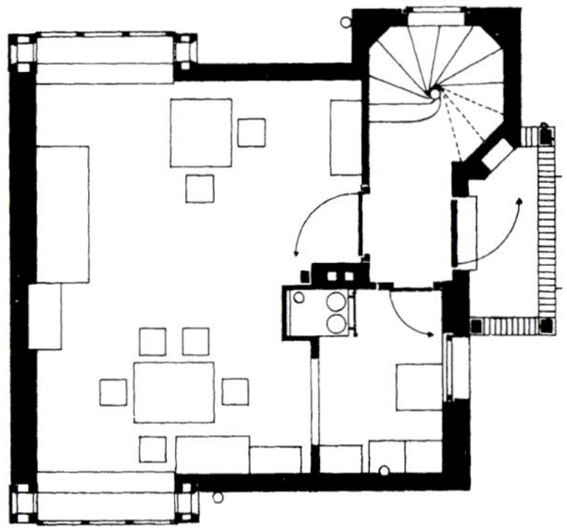

ten Wohnhauses auf die Spur zu kommen: Diese Versuche hatten immer mit einer bestimmten Gesellschaftsschicht zu tun, für die gebaut wurde.

Dabei gab es seit der Mitte des 19. Jahrhunderts zwei gegenläufige Bewegungen: Zum einen waren es die Bemühungen sozialreformerischer Kreise, die Wohnzustände der arbeitenden Klasse zu verbessern, indem man ihnen Wohnformen bot, die „eigentlich" zu teuer waren – Wohnformen, die also in irgendeiner Weise subventioniert werden mussten. Zum anderen war es das bürgerliche Wohnen im Einfamilienhaus, dessen Extrem die Villa war. Beide Tendenzen kamen von den Extremen her – Villa der Reichen einerseits, Proletarierwohnung andererseits, trafen sich auf einer mittleren Ebene, dem Einfamilienhaus – und sind dennoch nicht zu verwechseln.

Die Diskussion über Fragen des Wohneigentums für die Arbeiterschaft (und das hieß: des eigenen Hauses, so etwas wie die „Eigentumswohnung" auf der Etage gab es praktisch nicht) hatte vom Beginn an, seit etwa 1850, auch einen politischen Hintergrund: die Erwartung, wer auf eigenem Grund und Boden, im eigenen Haus wohne, werde keine Revolution machen. Die Vorschläge – selten realisiert – sollten die unhaltbaren Wohnzustände der Arbeiter verbessern, weil die Gefahr bestand, die Betroffenen würden sich sonst massenhaft gegen jene wehren; die latente Bedrohung durch eine sich immer stärker organisierende Arbeiterschaft wurde durchaus wahrgenommen. Wohnungspolitik, die Eigentum für Arbeiter schaffen wollte, war also immer auch Sozialpolitik aus dem Bürgertum heraus – fast so etwas wie sozialdemokratische Politik nach

Entwurf für ein preiswertes Wohnhaus von Joseph Maria Olbrich (1902).

heutigem Verständnis, weshalb die eigentlichen – natürlich auch bürgerlichen! – Revolutionäre, Karl Marx und Friedrich Engels, auch erst die Revolution, dann die Lösung der Wohnfrage anstrebten. Sie befürchteten, wenn alle Arbeiter im eigenen Haus wohnten, bestünde die Gefahr, sie wären zu sehr mit der Aufzucht von Kohl und Kindern beschäftigt anstatt mit den großen Fragen der Politik wie „Freiheit oder Sozialismus".

Obwohl quantitativ wenig Reformwohnungsbau verwirklicht wurde, schon gar nicht im Einfamilienhausbau für die Arbeiterfamilien, gab es doch viel beachtete Musterbauten: so das Haus, das der große Jugendstil-Architekt Joseph Maria Olbrich auf der „Hessischen Landesausstellung" in Darmstadt im Jahre 1908 zeigte. Diese Gewerbeschau, die einige Jahre vorher die „Darmstädter Künstlerkolonie" mit ihren bürgerlichen Bauten von Olbrich und Peter Behrens präsentiert hatte, deren berühmteste das Ernst-Ludwig-Haus und der Hochzeitsturm auf der Mathildenhöhe wurden, zeigte in jenem Jahr eine „Kleinwohnungs-Kolonie" mit einem „Arbeiterhaus Opel": von Olbrich entworfen, von der Autofirma Opel gesponsert. Baukosten: 4.000 Mark – nicht für den Quadratmeter, sondern für das ganze Haus! Früher war eben doch alles besser ...

Das Haus entspricht dem Bild, das sich der kleine Moritz macht: das „Haus-des-Nikolaus" als Prototyp auf rund 50 Quadratmetern Grundfläche unter steilem Dach. Dabei ist der Grundriss moderner als viele heutige mit ihren aus einzelnen, scheinbar so funktionellen Zimmerschachteln zusammengesetzten Kästen – Esszimmer, Wohnzimmer, Schlafzimmer, Kinderzimmer. Er zeigt eine Art frühen „Allraum", in dem Ruhezone, Essecke und Arbeitsbereich ineinander übergehen, wobei die Belichtung von zwei Seiten eine flexible Aufteilungsmöglichkeit unterstützte. Auch die zwei Schlafräume im Obergeschoss deuten in die gleiche nutzungsneutrale Richtung, haben sie doch eine große Schiebetür, sodass sie zu (fast) einem großen Raum verbunden werden konnten. Dennoch, oder vermutlich: Gerade darin zeigt sich der Charakter des Arbeiterhauses (und nicht etwa nur im Fehlen eines Badezimmers – das Bad in der Küche galt allerdings tatsächlich als arbeiterspezifisch). Olbrich suchte einen Typus für eine als Masse wahrgenommene Gesellschaftsschicht.

Das kann man in der Gegenüberstellung zu drei anderen, nämlich bürgerlichen Häusern des gleichen Architekten sehen, der damit ausdrücklich „billige" Häuser bauen wollte. Häuser aber auch, die als „behagliches und idyllisches Heim für den besseren Mittelstand" gedacht waren und statt 4.000 für das Arbeiterheim nun 18.000 Mark für die bürgerlichen Schichten kosteten. Die *Darmstädter Zeitung* beschrieb die Häuser damals so: Sie „werden im Parterre eine kleine Diele, 3 Räume und Küche, im oberen Geschoss 3 Schlafzimmer, ein Bad und ein Kämmerchen, im Dach-

Kommunaler Wohnungsbau für Arbeiter und Angestellte: die Eigenheimsiedlung „Unterer Kuhberg" in Ulm (erster Bauabschnitt 1908).

geschoss eine Mägdekammer enthalten. (...) Die Häuschen machen durchaus den Eindruck des Gefälligen und Zweckentsprechenden, und die Gesamtanlage ist eine recht malerische." Diese „billigeren" Häuser, von Olbrich entworfen, aber nie gebaut, kosteten also viereinhalbmal so viel wie das Proletarierdomizil und waren, wiewohl als „preiswert" deklariert, dem oberen Mittelstand vorbehalten – man kann es am Raumprogramm ablesen, das neben dem Bad auch einen Raum fürs Personal enthält. Dabei war das „Mädchen" mit Sicherheit nicht das einzige Dienstpersonal, nur das einzige, das im Hause wohnte; vermutlich gab es für des Hauses Pflege mindestens noch die Zugehfrau, die Näherin und den Gärtner.

Vor allem aber gab es gegenüber dem reduzierten Arbeiterhaus eine signifikante architektonische Gestaltung: das Haus wird vom Typus für die Masse zum individualisierten, repräsentativen Bürgerhaus.

Jenseits dieser Entwürfe aber war die Realität vor dem Ersten Weltkrieg eine andere, vor allem für die Arbeiterschaft; weder bei Opel noch anderswo konnte sie sich Häuser wie das von Olbrich leisten – die Grundstückskosten kamen ja noch hinzu; im äußersten Fall konnten sie eine Wohnhaushälfte wie in der kommunalen Eigenheimsiedlung „Unterer Kuhberg" in Ulm erwerben – ein absoluter Einzelfall des „sozialen Wohnungsbaus" in dieser Zeit: In Ulm stellte eine fortschrittliche Stadtverwaltung den „minderbemittelten Schichten" billigen Grund und Boden sowie Kredite zur Verfügung, die ihnen – die zum größten Teil Angestellte der Stadt waren – den Erwerb von Einfamilienhäusern als Doppelhaushälften oder in anderer Kombination ermöglichten. Die angestrebte Individualisierung und damit Verbürgerlichung der Arbeiter ist deutlich ablesbar.

Massenwohnung und Stadtrandsiedlung

Erst die Revolution 1918 brachte substanzielle Veränderungen für die damals sprichwörtliche „Wohnungsfrage"; jetzt ging es nicht mehr darum, das Proletariat zu verbürgerlichen, jetzt ging es um die Massenwohnung. Wenn jeder und jede eine Stimme hat, die bei der Wahl gleich zählt, dann erhöht das die Bedeutung des Einzelnen beträchtlich; zumindest ist er formal – wenn auch schwerlich tatsächlich – dem Besserverdienenden gleich gestellt. Das zwang nach 1918 alle Parteien dazu, sich Gedanken darüber zu machen, wie jeder Familie eine menschenwürdige Wohnung verschafft werden könnte – die eigentliche Geburtsstunde des sozialen Wohnungsbaus, obwohl er damals noch nicht so genannt wurde: Die gesamte Gesellschaft subventioniert via Steuern die menschenwürdige, bezahlbare Wohnung für alle – das war nun wirklich eine Revolution, denn das hatte es in der Menschheitsgeschichte noch nicht gegeben – schon gar nicht in der heute idealisierten mittelalterlichen Stadt oder in den gründerzeitlichen Stadterweiterungen gegen Ende des 19. Jahrhunderts!

Die Frage allerdings, in welchen städtebaulichen und in welchen Bauformen das in den zwanziger Jahren realisiert werden solle, war damit keineswegs beantwortet. Die einen setzten auf eigene Stadteinheiten vor der Stadt als Gegenwelt (die Vororttrabanten Ernst Mays in Frankfurt), die anderen auf kleinstadtähnliche Nachbarschaften in der Stadt (wie Fritz Schumacher in Hamburg), die Dritten konnten sich nicht entscheiden (wie Berlin, das Großsiedlung und Einfamilienhaussiedlung nebeneinander stellte).

Die großen, spektakulären Leistungen wurden in den zwanziger Jahren des vorigen Jahrhunderts zweifellos auf dem Gebiet der Großsiedlung erreicht; der Typus war neu, und die Zahl derer, die vernünftig untergebracht werden mussten, war riesig; sie blieb im Übrigen bis zur Weltwirtschaftskrise 1929 unverändert hoch. Aber auch der „Klassenstandpunkt" veränderte sich – jetzt wurde, auch in den Großsiedlungen, nicht mehr spezifisch für Arbeiter gebaut, sondern für die Masse – ohne den negativen Beigeschmack, den das Wort für uns heute hat. Die bestand zwar zu einem großen Teil aus Arbeitern, aber es kam die Schicht der Angestellten und kleinen Beamten hinzu, sodass die Grundrisse neutraler wurden.

Umgekehrt galt das auch für das „normale" bürgerliche Einfamilienhaus: Unter Beibehaltung eines gemäßigten Traditionalismus in der Architektursprache fiel vor allem das Mädchenzimmer weg – Personal konnte man sich jetzt nicht mehr leisten; die Zeiten waren das, was sie immer schon waren, nämlich hart. Das Ergebnis beider Entwicklungen war, dass sich die Grundrisstypologie annäherte.

Als Typus neu war dagegen in den zwanziger Jahren etwas, das auch im Nationalsozialismus fortgesetzt wurde und noch die ersten Jahre der Bundesrepublik bestimmte: das Einfamilienhaus auf einem Grundstück, das dezidiert zur Selbstversorgung gedacht war – die villa suburbana der Renaissance, heruntergebrochen auf das arbeitslose Proletariat. Heinrich Tessenow, der große Architekt des einfachen Bauens, hatte bereits Anfang der zwanziger Jahre Einfamilienhäuser in einer „Kleinhaussiedlung" gebaut, mit Hühnerhof, Gemüsebeet und Abfallgrube für den Kompost; ein 1.80 Meter hoher Bretterzaun schützte vor Einblicken des Nachbarn und sorgte gleichzeitig für den Halt des Spalierobstes. Die Wohnungen entsprachen den Arbeiterwohnungen von Olbrich, mit Wohnküche, Trockenklo und Waschherd als „Bad".

Was 1920 noch vorzugsweise den Kriegsheimkehrern vorbehalten war, sollte am Ende des Jahrzehnts den Millionen von Arbeitslosen dienen: Die Brüningschen Stadtrandsied-

▌Schlicht und einfach: die Häuser in der Stadtrandsiedlung Steinhaldenfeld in Stuttgart, gebaut ab 1931 (Foto von 1999).

Eigenheim für alle: Skizze einer Wohnsiedlung von Max Taut für den Wiederaufbau von Berlin (1946).

lungsprogramme sollten den „Entwurzelten" zu einem „bescheidenen Heim im Weichbild der Großstadt" verhelfen, wie es hieß. Die Siedlung Steinhaldenfeld in Stuttgart (1931 begonnen) als Beispiel: Hier wurden für die Siedler Haus und Grundstück mit rund 800 Quadratmetern für 3.000 Mark angeboten, von denen 2.500 Mark als niedrig verzinste Darlehen finanziert werden konnten (wobei die Preise sicher nicht mit den Vorkriegspreisen verglichen werden dürfen, aber sehr niedrig lagen). Das restliche Eigenkapital wurde in Form von Eigenarbeit beim Bau geleistet.
Bei der Siedlung und der Auswahl der Siedelnden an der zeitlichen Schwelle zum Nationalsozialismus zeigte sich eine ideologische Prägung, die vielfach schon vor der Machtergreifung verbreitet war: Ablehnung der Großstadt und Verherrlichung der eigenen Scholle gingen in den dreißiger Jahren einher mit der Auswahl der Siedler nach rassischen Gesichtspunkten. Dass die Propaganda von Blut, Boden und eigener Scholle im „Dritten Reich" der gebauten Realität nicht entsprach (auch große Siedlungen im Geschosswohnungsbau wurden realisiert); dass insgesamt die Wohnungsbauleistung der der zwanziger Jahre weit unterlegen war; dass eine Bilanz zudem noch die Zerstörung von Wohnraum durch den Bombenkrieg einrechnen müsste, kommt hinzu.

Eigenheim für alle

Richtig ist aber auch, dass es eine architektonische Kontinuität gab, die sich vom Heimatschutzstil um 1910, dem Opel-Haus Olbrichs über die zwanziger Jahre und die Zeit des Nationalsozialismus bis weit in die fünfziger Jahre erstreckte – manche Kritiker sagen: bis heute. Trotz aller ideologischen Unterschiede gab es so etwas wie einen durchgehenden architektonischen Typus. Der Unterschied zwischen der Zeit des Nationalsozialismus und den anderen Epochen lag nicht darin, dass es diesen Typus durchgehend gab, sondern darin, dass es im „Dritten Reich" nur den einen gab, während in den anderen Zeiten noch viele andere Spielarten möglich waren.
Gemeint ist das Einfamilienhaus, wie es auch schon kurz nach dem Zweiten Weltkrieg Max Taut, der Bruder des bekannteren Bruno, in seinem Plan zum Wiederaufbau Berlins 1946 entworfen hatte: Das „Eigenheim für alle", die sich bisher nicht einmal im Traume vorstellen konnten, im eigenen Heim zu wohnen. Jetzt wurde es durch die politischen Rahmenbedingungen möglich; 150.000 bis 200.000 Eigenheime wurden allein in der Bundesrepublik seit Mitte der fünfziger bis Mitte der achtziger Jahre gebaut.
Das „Eigenheim für alle" war der Traum der Menschen nach der Erfahrung des Krieges, und zwar weltweit. Es zeigt sich darin die soziale Verschiebung hin zu einer Massengesellschaft, die nicht mehr eine an Architektur festzumachende Schichtenzugehörigkeit zeigt, obwohl es die

▌Das Haus als Wohnmaschine: Prototyp einer industriell vorgefertigten Dymaxion Deployment Unit (1940/41) von Richard Buckminster Fuller.

▌Eine runde Sache: der Grundriss des Dymaxion-Hauses.

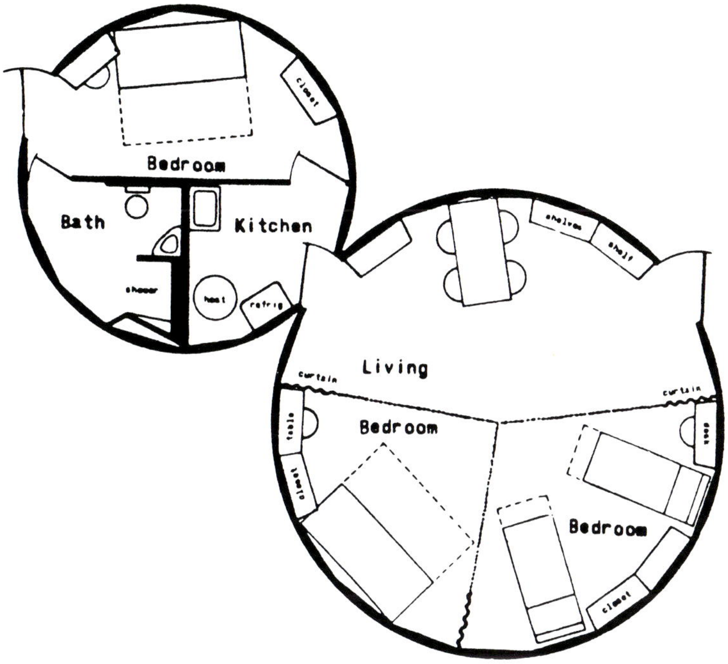

Unterschiede der Einkommen ja immer noch gab und gibt. In den USA waren es Siedlungen wie Levittown auf Long Island (1947–52): 17.500 aus Holzfertigteilen zusammengesetzte, preiswerte, praktisch identische Wohnhäuser, die sich in einen gleichermaßen ökonomischen Städtebau an geschwungenen Straßen fügten. Sie waren von den Projektentwicklern und Architekten Levitt + Sons gebaut worden, die sich die Fördermöglichkeiten für Eigenheime der Kriegsheimkehrer zunutze machten und in einem ausgeklügelten Fließbandsystem Häuser produzierten.

Levittown war der Albtraum von Architekten und Stadtplanern: Es war der Ausdruck des immer Gleichen. Nur – und das lässt uns heute Vorstädte wie diese in einem anderen Licht betrachten – es war auch die Realisierung des Traums, (fast) jeder Familie ein Einfamilienhaus zu verschaffen: 7.000–8.000 Dollar kosteten die Häuser – einschließlich Grundstück! Und ob der gleiche Flächenanspruch an die Wohnung in gestapelter Form tatsächlich eine bessere Qualität schafft, ist angesichts einiger Trabantenstädte der sechziger und siebziger Jahre zumindest zweifelhaft.

Schließlich – auch die anspruchsvollen Architekten, die vermutlich über Levittown die Nase rümpften, konnten scheitern, wie sich am Beispiel Buckminster Fullers belegen lässt, der schon vor Levittown technisch fortschrittliche, massenhaft zu produzierende Häuser entwickelt hatte, die Dymaxion-Häuser (1940/41). Er selbst hat tatsächlich in einem davon gelebt; sonst wollte das aber kaum einer. Das ist verständlich: Der Grundriss ist ebenso unwirtschaftlich mit seinen zwei aneinander gefügten Jurten wie im Einzelnen hilflos – allein die beim Zusammenprall von eckigen

▌Lageplan der Siedlung „Kingohusene" in Elsinore (1956–1959) von Jørn Utzon.

▌Grundrissvarianten einer Wohneinheit: Der winkelförmige Baukörper umschließt einen kleinen Innenhof.

▌Rechte Seite: Die Atriumhäuser sind zu Gruppen gereiht und folgen dem hügeligen Gelände.

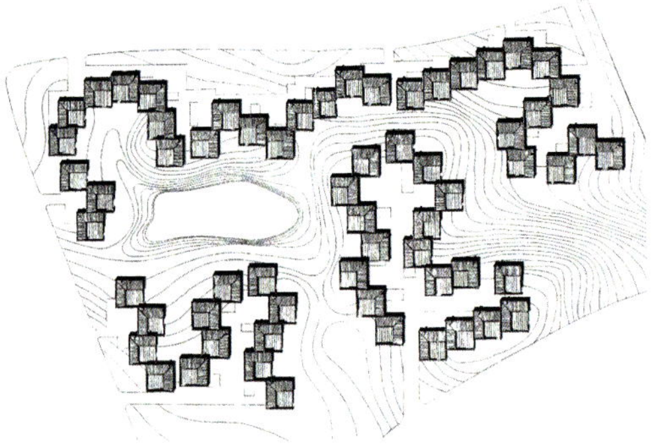

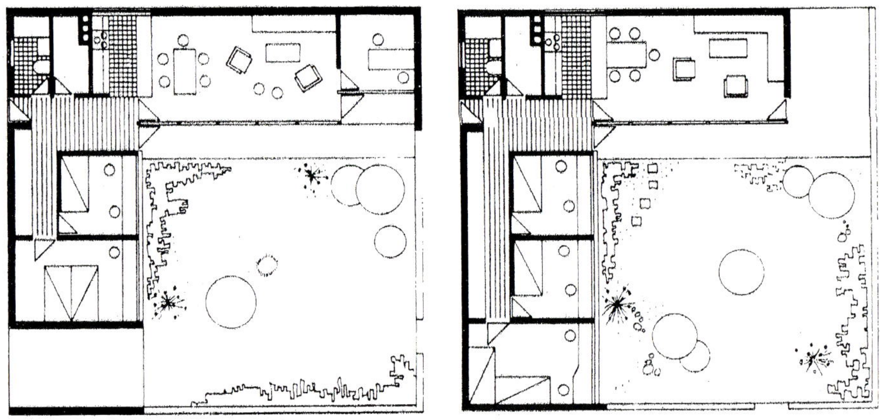

Möbeln und runden Außenwänden entstehenden Schmutzecken würden jede Hausfrau zur Verzweiflung bringen.

Diese Häuser wurden aber schon deshalb im Vergleich zu Levittown kein Erfolg, weil Letzteren ein ausgeklügeltes Gesamtkonzept von der Finanzierung bis zur Fließbandproduktion zugrunde lag, bei dem der Architekt gleichzeitig der Investor war. So konnte immer sofort auf besondere Bedürfnisse und sich ändernde Bedingungen reagiert werden.

Immerhin darf man aber für jene Nachkriegszeit eines feststellen, was heute nur noch selten der Fall ist: Renommierte Architekten bemühten sich um einen Massenwohnungsbau, der auch das Einfamilienhaus, frei stehend oder gereiht, im Blick hatte – einen Siedlungsbau, der für breite Schichten der Bevölkerung erschwinglich war. Zu den schönsten internationalen Beispielen gehören die zwei Siedlungen, die Jørn Utzon in Dänemark errichtete, bei Elsinore (1956) und in Fredensborg (1962–63). Das sind zu Gruppen gereihte Hofhäuser auf quadratischem Grundriss, die dem hügeligen Gelände folgen und Nachbarschaften bilden. Der Grundriss ist überzeugend einfach mit seinem Winkel, der auf der einen Seite die Schlafräume erschließt, auf der anderen die Wohnräume, wobei beide Trakte einen Hof umfassen. Ein einfaches Pultdach auf dem Sichtmauerwerk, einfache Details – ein Bauen, wie es für skandinavisches Wohnen stand, das in den sechziger Jahren auch in Deutschland einen legendären Ruf hatte, allerdings in dieser Qualität nur selten realisiert wurde.

Es waren addierte Module, die nach außen hin einheitlich gestaltet, aber gegeneinander vollständig geschützt waren, sodass man sich ohne Einblick durch Nachbarn selbst verwirklichen konnte. Auch hierzulande wurde, gerade in den jungen Jahren der Republik, häufig das Reihenhaus realisiert, das aber nur selten diese Qualität von Individualität und Einheitlichkeit besaß, sodass das frei stehende Haus bevorzugt wurde, bei dem man auf eigenen Latifundien um sein Eigentum herumgehen konnte (abzüglich des überwiegenden Teils, der de facto der Bank gehörte). Das war aber immer noch einer gehobeneren Einkommensschicht vorbehalten, schon wegen der höheren Grundstückskosten; die anderen mussten sich mit

kompakteren Bauformen begnügen, die häufig recht fantasielos addiert wurden.

Heute haben deren Bewohner allerdings das gute Gewissen, eine ökologisch akzeptablere Wohnform zu besitzen; sie spüren es zudem an geringeren Heizkosten. Dennoch bildete das Reihenhaus die zwar eher finanzierbare, weil kostengünstigere, aber im Kern doch ungeliebtere Bauform, weil man sich nicht vollständig selbst verwirklichen konnte, schon gar nicht nach außen hin.

Das Eigenheim geriet schnell in die Kritik; die „Zersiedelung" wurde zur geflügelten Vokabel, die seit den achtziger Jahren durch ökologische Argumente ergänzt wurde. Und sie haben ja objektiv Recht, die Kritiker: Energieaufwändig sei der Bau von Eigenheim und Vorstadt, die Investitionen für Straßen- und Leitungsbau kaum zu rechtfertigen, der Zwang zum Pkw und damit zum zusätzlichen Verbrauch endlicher Ressourcen zu groß. Tatsächlich ist jedes Bauen Verbrauch von Energie, und in einer Zeit sinkender Bevölkerungszahlen ist die Überlegung, ob der Bau neuer Häuser überhaupt zu verantworten ist, immerhin legitim. Allerdings wird ein energiebewusstes Bauen – oder eben Nicht-Bauen – nicht durch die höhere Moral, sondern durch die Kosten für Energie definiert. Wenn die Energiekosten steigen, wird energiebewusster gebaut.

Moralisches Handeln ist kein architektonisches Problem (wenn auch eines der Bauherren und der Architekten). Einige der schönsten Häuser der Baugeschichte sind frei stehende Villen, die nicht entstanden wären, wenn das Sparen von Energie der einzige Aspekt gewesen wäre – wollen wir auf etwas so Schönes wie das Farnsworth House (Abb. S.20) von Mies van der Rohe verzichten? Daraus folgt, dass es nicht eine „ökologische" (also gute) und eine „nicht-ökologische" (also schlechte) Architektur gibt. Der Gegensatz ist begrifflich und sachlich nicht haltbar – es gibt in der Architektur nur einen höheren oder geringeren Verbrauch von Ressourcen, die nicht erneuerbar sind. Bauen in diesem Sinne ist per se „unökologisch".

Das – im Wettbewerb geforderte – „Preisbewusstsein" erzwingt geradezu auch die Berücksichtigung von Betriebskosten in der heutigen Zeit steigender Ölpreise oder die Anpassungsfähigkeit an zukünftige Energieträger.

▌Das Farnsworth House in Plano, Illinois (1946–51) von Ludwig Mies van der Rohe gehört zu den Architektur-Ikonen des 20. Jahrhunderts.

Rückkehr des Archetypus?

Womit wir wieder zu der Frage des Typus und dessen Kontinuität kommen. Tatsächlich: Sofern die gezeigte Auswahl das eingereichte Material als Ganzes widerspiegelt, dann ergibt sich, dass das gute, alte Satteldach eine Renaissance erfährt – rund ein Drittel der hier gezeigten Bauten schmücken sich damit.

Das-ist-das-Haus-des-Nikolaus: Jeder kennt es, die meisten können es sogar richtig zeichnen – ein Kubus unten, ein geneigtes Dach oben; die Dreijährigen fangen damit an. Wenn eine erhebliche Zahl durchaus zeitgenössischer und zeitgemäßer Architekten und eine gleiche Zahl von Bauherren das Satteldach akzeptiert, dann drückt sich darin nicht ein neuer Konservativismus aus; die gezeigten Häuser verbieten jeden Gedanken an eine traditionelle Architektur. Aber man fragt sich am Ende eines knappen Rundgangs durch 100 Jahre Wohnhaus-Geschichte, woher das Revival kommt, galt doch das Satteldach eine Zeit lang als Inbegriff des Spießigen. Und jetzt?

Ich erkenne darin eine Suche nach dem Archetypus des Wohnhauses, die spannend zu beobachten ist – die Menschen sehnen sich nach Vertrautheit, ohne die sie nicht leben können, die sogar oft genug der unterschwellige Grund ist, warum sie bauen. Die Gewissheiten sind im Zeichen der Globalisierung geringer geworden: Was in den fünfziger, sechziger Jahren noch der Inbegriff des Modernen war, das Flachdach, das ist es heute auch noch – nur

Neuinterpretation eines Archetyps: das Haus Rudin in Leymen (1998) von Herzog & de Meuron.

dass wir uns weniger gern auf diesen Pfad in die Zukunft begeben. Wenn man „mit dem Rücken zur Wand" steht, dann möchte man ein Urvertrauen in die Festigkeit der Wand haben. Das vertraute Dach schafft das, es versucht das zumindest: Der Archetypus, hartnäckig im Unterbewussten verankert, erweist sich als zäher, als es manch aufgeklärter Mensch vermutet hätte. Was irgendwie auch beruhigend ist ...

Insofern darf am Schluss dieser kleinen historischen Reflexion über das Einfamilienhaus ein Bau stehen, der das Nikolaus-Haus ebenso eindeutig wie zeichenhaft verwendet, das Haus Rudin im französischen Leymen, erbaut 1998 von Herzog & de Meuron: ein Bau buchstäblich aus einem (Beton-)Guss (und schon damit das archetypische Vorbild desavouierend, das aus Wand und Dach besteht); ein Haus, das aussieht, als müssten doch endlich mal die Maler kommen; ein Haus, das man sich in seiner Schwere nur fest im Boden verwurzelt vorstellen kann, und das doch auf seiner Bodenplatte schwebt. Na gut: beinahe.

Ein Haus, das den Archetypus bestätigt und gleichzeitig reflektiert, und damit eine eigentlich moderne Architektur ist, die nicht voraussetzungslos Neues produziert, sondern das Neue auf die Folie des Vergangenen legt. Einiges von dieser Reflexion findet man auch in den folgenden Beispielen.

1. Preis: **netzwerkarchitekten, Darmstadt**

Einfamilienhaus in Roßdorf

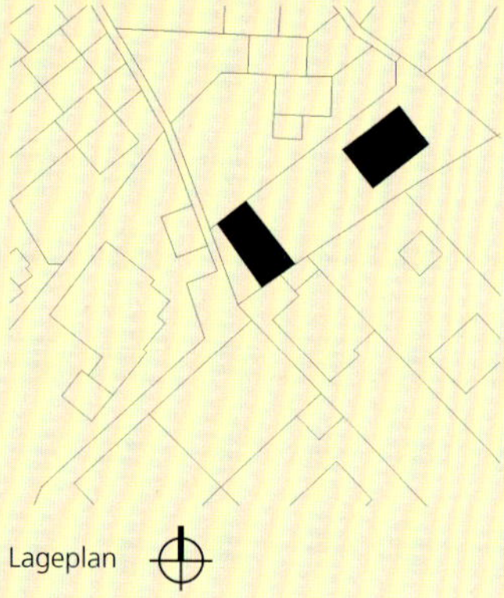

Lageplan

Die Quadratur der Röhre

An guten Ideen mangelte es nicht – man hätte gleich mehrere Häuser daraus bauen können: Etwa zehn räumlich und funktional unterschiedliche Konzepte hatten sich die Architekten in der Vorentwurfsphase ausgedacht und lieferten ihren Bauherren damit sehr anschauliche Diskussionsgrundlagen. Die wiederum waren mit Fachverstand bei der Sache – sie ist Innenarchitektin, er Ingenieur – und brachten ihre eigenen Vorstellungen mit ein. Bei der Entscheidung für eines der Konzepte spielte neben gestalterischen Aspekten insbesondere auch die Auseinandersetzung mit den spezifischen Gegebenheiten des Standorts eine wichtige Rolle.

Das Grundstück liegt in städtischer Randlage, am oberen Punkt eines Hügels. Ursprünglich war das Areal Teil einer städtebaulichen Planung, die hier einen Grünzug vorsah, im Zuge der Nachverdichtung stand es nun für eine Bebauung zur Verfügung. Die Architekten konzipierten ein Haus, das einen unmittelbaren Bezug zur Landschaft entwickelt: Das Gebäude orientiert sich auf der einen Seite zum Garten im Südwesten. Hier wird die Grenze von einer Garage gebildet, die zugleich vor Einblicken von außen schützt. Im Nordosten öffnet es sich zur Hangkante und gibt den Blick bis nach Frankfurt frei.

Dem Entwurfskonzept liegt die Idee einer kompakten rechteckigen Röhre zugrunde, die ganz auf den langen schmalen Grundstückszuschnitt ausgerichtet ist. Die Längsseiten sind bis auf zwei etwa mittig liegende transparente, fassadenhohe Einschnitte vollständig geschlossen. Über einen gepflasterten Fußweg gelangt man am Garten vorbei zum Wohnhaus, dessen Eingangsvordach von einem L-förmigen Betonwinkel gebildet wird. Das Erdgeschoss entwickelt sich als offenes Raumkontinuum – in dem gemeinsam gekocht, gegessen und gewohnt wird – um einen Kern, der Installationen und Treppe aufnimmt. Zwei Lufträume zonieren und strukturieren den Grundriss in unterschiedliche Bereiche. Sie stellen zugleich den Sichtkontakt zwischen den beiden Geschossen her und belichten die angrenzenden Bäder in der Schlafebene.

Ein großer Teil der Möblierung wurde gleich mit entworfen – deckenhohe Wandeinbauten bieten viel Stauraum und machen zusätzliche Schränke überflüssig. Zusammen mit der individuellen Farbgestaltung entsteht auf diese Weise ein in sich schlüssiges Gesamtkonzept. Dabei wurden die großen, geschosshohen transparenten Flächen sowie die beiden Lufträume und die Treppenhauswände mit Kunststoffplatten realisiert, die teilweise mit Folie kaschiert, teilweise farbig lackiert wurden und den Innenräumen ihr unverwechselbares Aussehen verleihen: Mal schimmern sie ganz in Orangerot, mal leuchten sie in kühlem Blaugrün. Auch die Kinderzimmer erhielten einen bunten Anstrich.

Das Wohnhaus ist als kompakte rechteckige Röhre konzipiert. Die raumhohen Glasfronten erlauben bei Dämmerung interessante Einblicke in das farbenfroh gestaltete Innenleben.

▌Oben: Die Orientierung des Hauses entspricht dem langen, schmalen Grundstückszuschnitt. Während die Längsseiten fast vollständig geschlossen sind, stellen die verglasten Stirnseiten den Bezug zum Garten und zur Landschaft her.

▌Rechts: Über unterschiedliche Freisitze verzahnt sich das Haus mit dem Grün. Hier der Blick auf die kleine Terrasse vor der Küche im Nordosten.

Das Wohnhaus wurde in einem engen Kostenrahmen entwickelt, was beispielsweise auch dazu führte, dass das Gebäude nur teilunterkellert ist. Die Baukörperform ist kompakt und wirtschaftlich, Anschlussdetails wurden reduziert. Der Fußboden im gesamten Haus, einschließlich der Bäder, ist in einem Industrieestrich ausgeführt. Auf einen dampfdichten Außenwandaufbau haben die Architekten verzichtet, die Außenwände bestehen aus 36,5 Zentimeter Porenbetonstein mit Außen- und Innenputz sowie Anstrich. Es kommen überwiegend zementgebundene Baustoffe zum Einsatz, die in ihrer materialspezifischen Eigenschaft erhalten bleiben – wie etwa die Decken und Treppen aus Sichtbeton.

Diese bewusste Reduktion auf das Wesentliche betont zugleich auch den konzeptionellen Grundgedanken des Entwurfs: Die Räume werden gewissermaßen als neutrale Behälter aufgefasst, die erst durch die Bewohner ihre besondere Qualität erhalten.

▌Der Luftraum neben der Küche setzt sich als transparenter Einschnitt in der geschlossenen Fassade fort und verbindet die beiden Wohnebenen miteinander.

▌Auf der Südwestseite lässt sich der Wohnraum mit Schiebetüren auf ein breites Holzdeck öffnen, sodass fließende Übergänge zwischen Innen und Außen entstehen.

▌Die rohen Betondecken und der Bodenbelag aus Industrieestrich sorgen für eine puristisch-schlichte Atmosphäre, in der das individuelle Farbkonzept umso wirkungsvoller zur Geltung kommt.

▌Die offene Wohnhalle wird nur durch einen Wandpfeiler vom dahinter liegenden Eingangsbereich abgeteilt. Die orangefarben lackierte Schrankwand taucht den Windfang in warmes Licht.

Urteil der Wettbewerbsjury:

Das Gebäude zeigt beispielhaft, wie sich mit intelligenter, kosten- und energiebewusster Planung ein hohes Maß an Wohnqualität erzielen lässt. Die Konzeption eines schlichten, kompakten Baukörpers überzeugt dabei sowohl in wirtschaftlicher als auch energetischer Hinsicht. Der offene, funktional organisierte Grundriss wird durch Lufträume geschickt zoniert, das individuelle Farbkonzept sowie die gekonnte Lichtführung lassen differenzierte räumliche Qualitäten entstehen. Die bewusste Reduktion von Details und Materialien, verbunden mit einer klaren Linienführung, machen den besonderen Reiz dieser Architektur aus. Mit seiner eigenwilligen Interpretation der Moderne und überraschenden Gestaltungselementen sucht das kleine Einfamilienhaus den Dialog – mit seinen Bewohnern und der umgebenden Landschaft. Der Entwurf wurde mit dem ersten Preis ausgezeichnet.

Büroprofil

netzwerkarchitekten PartG
Donnersbergring 20
D-64295 Darmstadt
www.netzwerk-architekten.de
Projektmitarbeit:
Anna Sieveking, Bernd Neis
Innenarchitektur: Romana Olms

Studienort:
T. Höhne/K. Scharabi/P. Schiffer/ J. Schuh/M. Schwieger/O.Witan: TU Darmstadt/TU Darmstadt; École Spéciale d´Architecture, Paris/TU Kaiserslautern, TU Darmstadt/TU Kaiserslautern; TU Darmstadt/TU Darmstadt/TU Darmstadt; Facoltà di Architettura di Firenze

Bürogründung:
1998 (GbR), seit 1999 netzwerkarchitekten PartG

Anzahl der Mitarbeiter:
4 feste, 4–6 freie Mitarbeiter

Gebäudedaten

Grundstücksgröße: 792 m²
Wohnfläche: 175 m²
Zusätzliche Nutzfläche: 58 m² (Keller)
Anzahl der Bewohner: 4
Bauweise: Massivbau (Porenbeton)
Baukosten je m² Wohn- und Nutzfläche: 1.245 Euro
Baukosten gesamt: 290.000 Euro
Heizwärmebedarf: 55 kWh/m²a
Primärenergiebedarf: 94,5 kWh/m²a
Fertigstellung: 2004

Obergeschoss
M 1:200

1 Kind
2 Kinderbad
3 Luftraum
4 Galerie, Arbeiten
5 Eltern
6 Elternbad

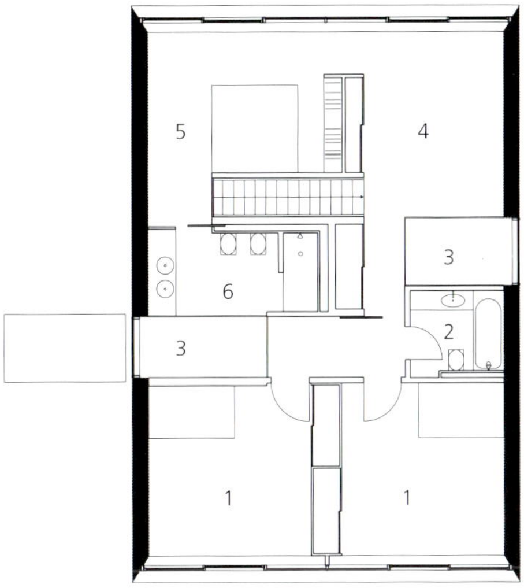

Erdgeschoss
M 1:200

1 Eingang
2 Wohnen
3 Essen
4 Kochen
5 Hauswirtschaft
6 WC

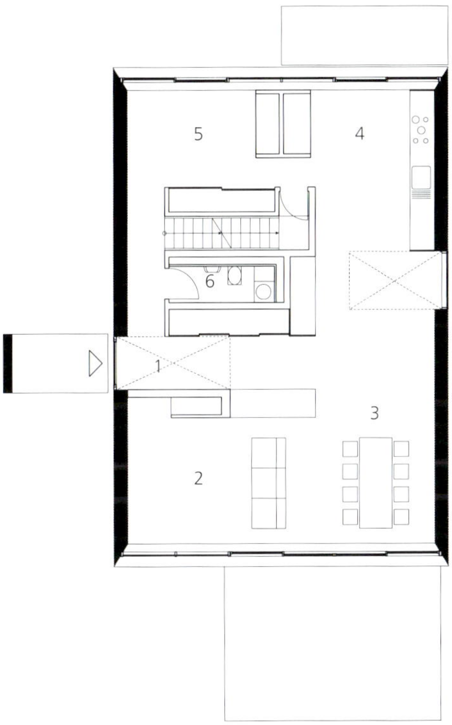

Schnitt
M 1:200

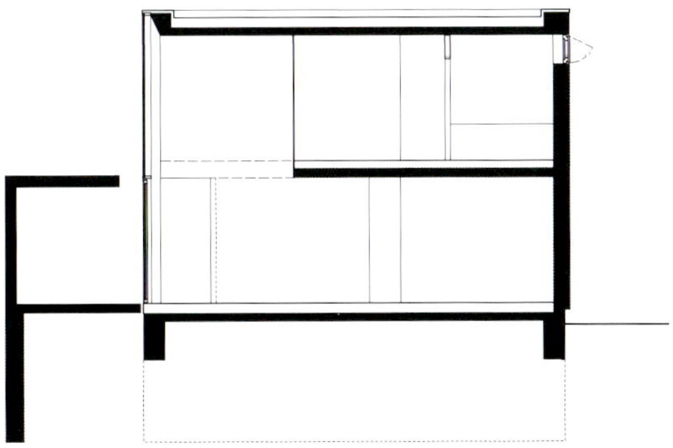

▌Auch die Lufträume und die Wand zum Treppenhaus sind farblich differenziert gestaltet: Sie wurden mit Kunststoffplatten versehen, die teilweise mit Folie kaschiert, teilweise bunt lackiert wurden.

2. Preis: (se)arch Stefanie und Stephan Eberding, Stuttgart

Einfamilienhaus in Stuttgart

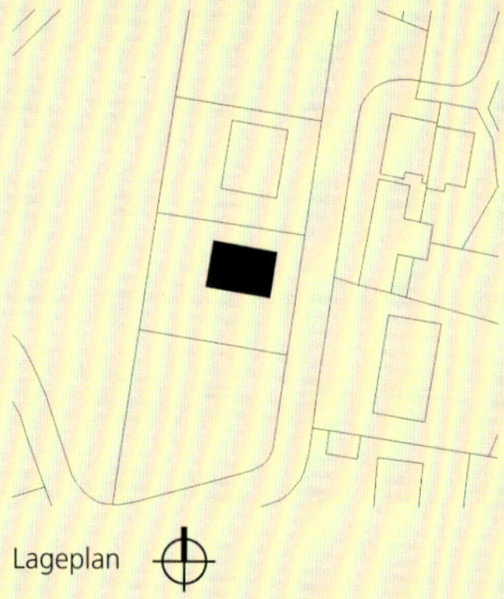

Lageplan

Reduktion als Prinzip

Am Ortsrand von Stuttgart-Sonnenberg, auf einem leicht geneigten Westhang, entstand dieses Wohnhaus in Holzbauweise. Mit seiner Stirnseite rückt das Gebäude nah an die Straße im Osten heran. Bis auf ein kleines, asymmetrisch im Giebel platziertes, quadratisches Fenster ist die Fassade vollständig geschlossen und wird nur durch das gleichmäßige Muster aus schmalen, senkrecht stehenden Schalungsleisten fein strukturiert. Zusammen mit dem metallgedeckten Satteldach ergibt sich eine präzise, archetypisch einfache Gebäudeform.

Über eine Außentreppe gelangt man zum tiefer liegenden Hauseingang in der Wohnebene. Diese befindet sich auf Gartenniveau und stellt mit deckenhohen, über Eck laufenden Verglasungen direkte Blickbeziehungen ins Freie her. Das Erdgeschoss ist als offenes Raumkontinuum gestaltet, wobei sich der zusammenhängende Wohn- und Essbereich über eine breite Schiebetür von der Erschließungszone mit Eingang, Flur und Treppenhaus abteilen lässt. Lufträume verbinden diese Wohnebene mit den Schlafzimmern im oberen Geschoss, die jeweils kleine Galerieebenen unter dem Dach haben.

Auch in der oberen Etage ermöglichen wandhohe Schiebeelemente flexible Aufteilungen. Nicht nur die einzelnen Zimmer, sondern auch ganze Gebäudeabschnitte lassen sich auf diese Weise öffnen oder verschließen, sodass jeweils unterschiedliche Raumeindrücke entstehen. Das Haus bietet seinen Bewohnern somit nicht nur genügend Platz für Kommunikation, sondern auch vielfältige Rückzugsmöglichkeiten: Die Familienmitglieder können die Individualräume bei Bedarf dem großen Wohnraum zuschalten – oder sich ganz auf die oberen Galerieebenen zurückziehen.

Das Haus ist eine Konstruktion aus so genanntem Dickholz – mehrlagig über Kreuz verleimten, massiven Brettholzelementen – auf einem betonierten Untergeschoss. Die sichtbaren Holzoberflächen wurden bereits geschliffen angeliefert und in Fertigteilbauweise innerhalb weniger Tage aufgerichtet. Das komplette Obergeschoss ruht dabei auf einer Stahlkonstruktion aus Doppel-T-Profilen, die sich auch im Innenraum deutlich abzeichnet. Für das Dach wurde eine schwarze Quarz-Zink-Deckung verwendet, die Außenwände sind mit einer vertikalen Lattung aus Lärchenholzstäben verkleidet. Im Obergeschoss, im Bereich der Lufträume und beispielsweise des Badezimmers, verlaufen diese Leisten auch vor der Verglasung, um Schutz vor Einblicken und die notwendige Privatheit zu gewährleisten.

Ein ausgeklügeltes Energiekonzept trägt zur umweltfreundlichen Versorgung des Hauses bei: Beheizt wird der Bau primär über Sonnenkollektoren. Überschüssige Wärme wird in einem Wassertank – ein 1.000 Liter fassender Schichtenspeicher – vorgehalten. Als Sekundärheizung

Auf der Südwestseite öffnet sich die Wohnebene mit einer raumhohen Übereckverglasung zum Garten. Über dem transparenten Sockel scheint das mit Lärchenholz verschalte Obergeschoss fast zu schweben.

dient ein CO_2-neutraler Holzkaminofen, der den Wohnraum direkt beheizt. Auch hier kann bei Bedarf überschüssige Wärme an den Pufferspeicher abgegeben werden. Das zu diesem Zweck an der Nordseite gelagerte Brennholz ist dabei wesentlicher Bestandteil der Fassadenkonstruktion des Gebäudes. Die Solarheizung wird unterstützt durch eine kontrollierte Be- und Entlüftungsanlage mit Wärmerückgewinnung, wobei die Frischluft über einen 40 Meter langen Erdkanal vorkonditioniert wird. Auf fossile Brennstoffe kann komplett verzichtet werden. Durch den Einsatz regenerativer Energieträger ist es den Architekten gelungen, den von der Energieeinsparverordnung 2002 (EnEV) vorgegebenen Grenzwert für den Primärenergiebedarf um 70 Prozent zu unterschreiten.

▌Der Neubau fügt sich mit seinem dunklen Zinkdach zurückhaltend in die natürliche Umgebung ein. Die Sonnenkollektoren sind wichtiger Bestandteil des Energiekonzepts und tragen zur umweltfreundlichen Wärmeversorgung bei.

▌Das Erdgeschoss ist als offenes Raumkontinuum gestaltet. Eingangsflur und Wohnbereich gehen unmittelbar ineinander über. Galerien und Lufträume stellen Blickbeziehungen in die höher liegende Schlafebene her.

▌Oben: Mit einer archetypisch einfachen Ansicht präsentiert sich das Haus zur Straße hin. Die glatte Front wird durch die schmalen, senkrecht stehenden Schalungsleisten fein strukturiert.

▌Unten: Auf der Nordseite führt eine Treppe zum Hauseingang in der Gartenebene. Das Obergeschoss kann zudem auch direkt von der Straße aus erschlossen werden: Über den schmalen Stahlsteg gelangt man zu einer unauffällig in die Schalung integrierten Tür.

▌Das Obergeschoss wurde in Massivholzbauweise erstellt und ruht auf einer Stahlkonstruktion, die sich an den schlanken Stützen in der Wohnebene ablesen lässt.

▌Aussichtsreich ist die offene Küche, die im Nordwesten in die Wohnhalle integriert ist: Glasfronten geben auch hier den Blick ins Grüne frei.

Urteil der Wettbewerbsjury

Das Einfamilienhaus besticht im Äußeren sowie im Inneren durch seine reduzierte Klarheit und präzise Einfachheit. Diese Haltung spiegelt auch der streng und funktional gegliederte Grundriss wider, der durch Lufträume angenehm großzügig wirkt. Schiebewände sorgen für Privatheit, aber auch Zuschaltbarkeit der Räume zum Gesamthaus und erlauben auf knapper Grundfläche vielfältige Nutzungsmöglichkeiten. Der Einsatz vorgefertigter Holzelemente erlaubt eine schnelle und Kosten sparende Errichtung des Hauses, das umweltfreundliche Energiekonzept trägt wesentlich dazu bei, die Betriebskosten zu senken. Bewusste Reduktion im Formalen bei gleichzeitig hoher Gestalt- und Raumqualität machen das Haus zu einem besonderen Beispiel ortsgebundener und dennoch moderner Entwurfshaltung. Das Projekt wurde mit dem zweiten Preis ausgezeichnet.

Büroprofil

(se)arch
Prof. Stefanie
und Stephan Eberding
Freie Architekten
Weißenburgstraße 32
D-70180 Stuttgart
www.se-arch.de
Projektmitarbeit: Ralf Pimiskern
Studienort:
Prof. Stefanie Eberding/
Stephan Eberding:
Southern California Institute of Architecture, Los Angeles; FH Darmstadt; Rice University, Houston, Texas/FHT Stuttgart; Universität Stuttgart
Bürogründung:
1998
Anzahl der Mitarbeiter:
3–5

Gebäudedaten

Grundstücksgröße: 544 m^2
Wohnfläche: 190 m^2
Zusätzliche Nutzfläche: 82 m^2
Anzahl der Bewohner: 3
Bauweise: Mischbau
(UG Stahlbeton/EG Stahl/
OG,DG Massivholz)
Baukosten je m^2 Wohn- und Nutzfläche: 1.372 Euro
Baukosten gesamt:
373.113 Euro
Heizwärmebedarf:
57,7 kWh/m^2a
Primärenergiebedarf:
32,8 kWh/m^2a
Fertigstellung: 2004

Dachgeschoss
M 1:200

1 Bühne Kind
2 Luftraum
3 Bad
4 Bühne Eltern
5 Abstellraum

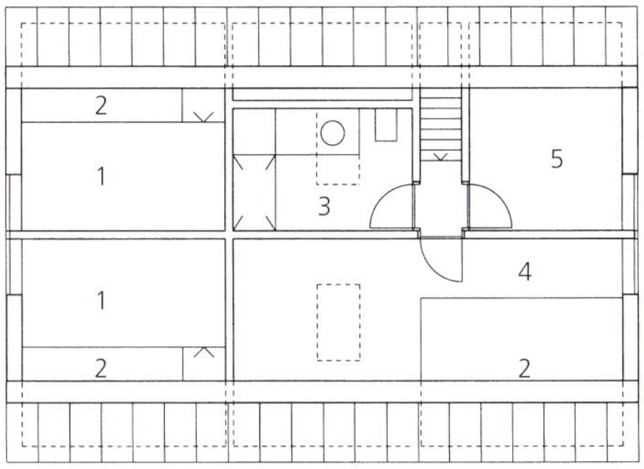

Obergeschoss
M 1:200

1 Kind
2 Luftraum
3 Galerie
4 Eltern
5 Bad
6 Steg

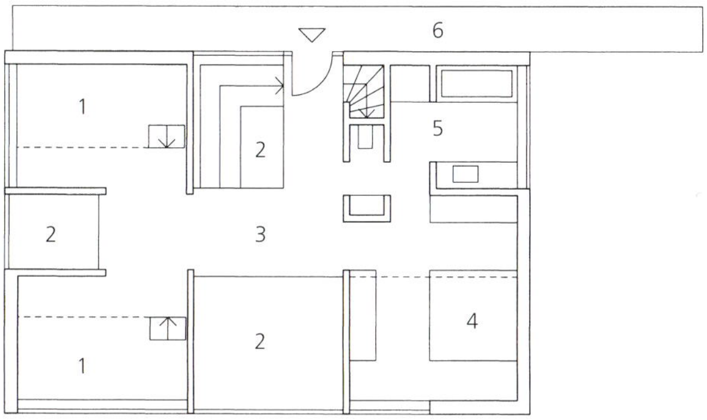

Gartengeschoss
M 1:200

1 Eingang, Garderobe
2 Abstellraum
3 WC
4 Wohnen
5 Essen
6 Kochen

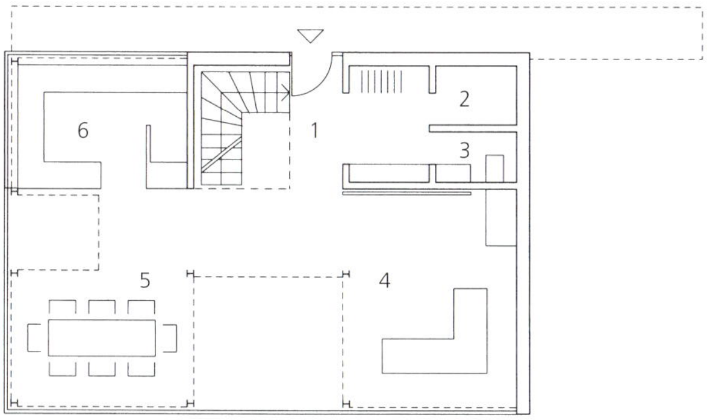

Schnitt
M 1:200

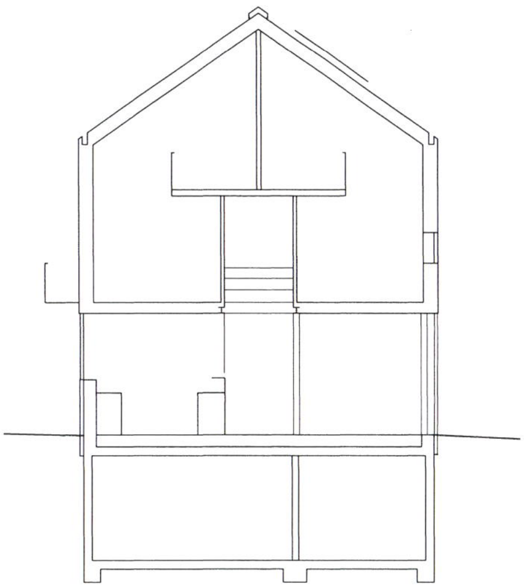

▌Oben: Die Oberflächen der Dickholzkonstruktion sind sichtbar belassen und bestimmen den Raumeindruck in der Schlafebene. Über deckenhohe Schiebeelemente lassen sich die Zimmer bei Bedarf vom Flur abteilen.

▌Unten: Der Elternschlafraum öffnet sich bis unter den Dachfirst. Der Bodenbelag aus dunklem Industrieparkett bildet einen reizvollen Kontrast zu den weiß gestrichenen Wänden und dem hellen Fichtenholz.

3. Preis: **Oxen + Römer, Hürth-Efferen**

Einfamilienhaus in Rösrath/Forsbach

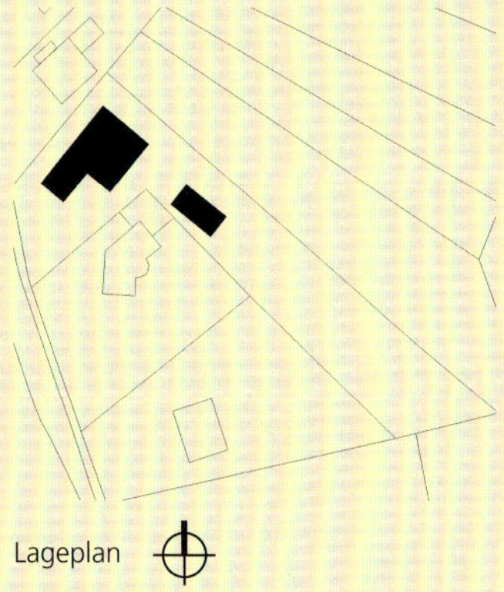

Lageplan

Aus zwei mach eins

Es begann als Umbau – und endete als Neubau: Zunächst lautete der Auftrag an die Architekten lediglich, das Anfang der 1970er Jahre entstandene Elternhaus der Bauherrin zu renovieren und für eine Familie mit drei Kindern neu zu organisieren. Der Altbau auf einem weitläufigen Grundstück innerhalb eines gewachsenen Wohngebiets hatte einen massiven Keller, der als Basis für eine zweigeschossige Holzständerkonstruktion mit ausgemauerten Gefachen diente.

Die ersten Entwurfskonzepte ergaben immer wieder Kompromisse, die keinen der Beteiligten richtig zufrieden stellten: Sowohl die Eigenarten des statischen Systems als auch die bauphysikalischen Schwächen und die ungünstige Raumanordnung des Altbaus ließen sich nur schwer mit den geänderten Wohnbedürfnissen der fünfköpfigen Familie vereinbaren. Als Lösung des Problems schlugen die Architekten den Bauherren daraufhin den kompletten Abriss des Hauses vor. So konnte auf den Grundmauern des Kellergeschosses ein völlig neues, in sich schlüssiges Wohnkonzept in moderner Architektur und Detailsprache entstehen.

Das Raumvolumen ist in zwei Baukörper aufgeteilt, die sich in Form und Materialwahl deutlich voneinander unterscheiden: Ein kompaktes, zweigeschossiges Elternhaus greift schützend über ein lang gestrecktes, eingeschossiges Kinderhaus. Die Fugen dazwischen definieren Haupt- und Nebeneingang. Mit seiner getrennten Erschließung kann das Gebäude flexibel auf Veränderungen der Lebens- und Familiensituation reagieren: Der Flachbau lässt sich später als separate Einliegerwohnung nutzen. Er eignet sich nicht nur für erwachsene Kinder, sondern – da er ebenerdig angelegt ist – auch gut für ältere Familienmitglieder.

Der eingeschobene Kubus des Kinderhauses wirkt mit seiner massiven Natursteinfassade aus unregelmäßig gebrochenen, geschichteten Grauwackeplatten schwer und erdverbunden. Ganz anders hingegen erscheint das Elternhaus: Es ist wesentlich feiner strukturiert, umhüllt von einer silbrig schimmernden Haut aus großformatigen vorgehängten Aluminiumplatten mit differenziertem Fugenbild. Dort wo sich die beiden Baukörper miteinander verzahnen, entsteht im Grundriss auch das kommunikative Zentrum des Familienlebens: der zusammenhängende Wohn-, Ess- und Kochbereich im Erdgeschoss auf der Südostseite. Im anschließenden Kindertrakt reihen sich die Zimmer entlang des Flurs aneinander. Die Elternebene im Obergeschoss folgt einem offeneren Grundrissschema und lässt sich über Schiebetüren in unterschiedliche Bereiche zonieren. Im Winkel zwischen Bad und Treppenraum entsteht eine geschützte Dachterrasse, die von der Morgensonne beschienen wird und mit Bankirai-Holzbohlen beplankt ist.

▌Großformatige Fassadenplatten aus Aluminium verleihen dem Elternhaus seine feine Struktur. Der Wohnbereich erweitert sich über eine Holzterrasse in den Garten, begrenzt von der bunt gestrichenen Garagenwand des Nachbarn.

Entmaterialisierung und Detaillösungen, die sich auf das Wesentliche beschränken, waren die Grundgedanken des Entwurfskonzepts. Diese reduzierte Haltung wird auch konsequent in die Gestaltung der Freianlagen im vorderen Grundstücksbereich übertragen, wo das aus der Region stammende Natursteinmaterial des Kinderhauses ebenfalls zum Einsatz kommt. Das hatte nicht nur praktische, sondern auch wirtschaftliche Vorteile, da sowohl die Vorsatzschale aus Stein als auch die Außenanlagen von der gleichen Firma ausgeführt wurden. Auch an anderer Stelle, etwa bei der Aluminiumfassade, zahlten sich detaillierte Ausschreibungen, Preisverhandlungen sowie die Einzelvergabe der Gewerke aus. Zur kostenneutralen Beheizung des Hauses tragen Solarzellen auf dem Dach bei.

▌Oben: Getrennt und doch vereint. Das eingeschossige Kinderhaus schiebt sich im Südosten in das zweigeschossige Elternhaus. Die Fugen zwischen den beiden Baukörpern bilden die Eingänge.

▌Massiv, schwer und erdverbunden wirkt das Kinderhaus mit seiner Natursteinfassade aus unregelmäßig geschichteten Grauwackeplatten. Das heimische Material wurde auch für die Gestaltung der Außenanlagen verwendet.

Dunkelbraune Steinzeugfliesen, Holzmöbel und ein offener Kamin sorgen für eine angenehme Wohnatmosphäre.

Blick auf den Windfang an der Nordwestseite: Durch eine mit Grauwacke umrahmte Tür gelangt man in das Kinderhaus. Die offene Treppe führt in die separate Elternebene.

Im Obergeschoss haben die Eltern einen eigenen Wohnbereich mit Dachterrasse. Von hier aus blickt man durch eine raumhohe Übereckverglasung direkt ins Grüne.

▮ Wohn-, Ess- und Kochbereich bilden im Erdgeschoss eine offene Raumfolge, die sich im Südosten über Schiebetüren auf die Sonnenterrasse erweitern lässt.

▮ Rechts oben: Im Kindertrakt reihen sich Zimmer und Nassräume beidseitig entlang des Erschließungsflurs aneinander.

▮ Rechts unten: Im Elternbad lässt sich die Glasfront vor der Wanne beiseite schieben, sodass dem Frischluftvergnügen nichts mehr im Weg steht.

Urteil der Wettbewerbsjury:

Der Entwurf zeichnet sich durch seine moderne Architektursprache, klare Proportionen und materialbewusste Gestaltung aus. Besonders hervorgehoben wurde die Idee, das Raumvolumen in zwei unterschiedliche Baukörper aufzuteilen, die sich separat erschließen lassen: Die Grundrissorganisation bietet den Bewohnern somit auch langfristig ein hohes Maß an Flexibilität, um sich verändernden Lebensbedingungen anzupassen. Konsequent wird diese Differenzierung auch in der Wahl verschiedener Fassadenmaterialien fortgeführt, wobei Naturstein und Aluminium gut miteinander harmonieren. Insgesamt wurde der Entwurf als eine konzeptionell überzeugende, wirtschaftliche Lösung mit hoher gestalterischer Qualität gewertet, die auch die Außenanlagen geschickt mit einbezieht. Das Projekt wurde mit dem dritten Preis ausgezeichnet.

Büroprofil

Oxen + Römer und Partner
Architekten und Ingenieure
BDA BDB
Kalscheurener Straße 19
D-50354 Hürth-Efferen
www.oxen-roemer.de
Projektleitung: Oliver Jäkel
Studienort:
Bernd Oxen/Bernd Römer:
Fachhochschule Köln

Bürogründung:
1987
Anzahl der Mitarbeiter:
12

Gebäudedaten

Grundstücksgröße: 1.555 m^2
(davon ca. 50% planungsrechtlich im Außenbereich)
Wohnfläche: 216 m^2
Zusätzliche Nutzfläche: 27 m^2
(Keller Bestand: 82 m^2)
Anzahl der Bewohner: 5
Bauweise: Massivbau mit Aluminium-Plattenfassade/ Naturstein-Vorsatzschale mit Kerndämmung
Baukosten je m^2 Wohn- und Nutzfläche: 1.386 Euro
(ohne Bestand)
Baukosten gesamt:
336.777 Euro
Heizwärmebedarf:
106 kWh/m^2a
Primärenergiebedarf:
153 kWh/m^2a
Fertigstellung: 2005

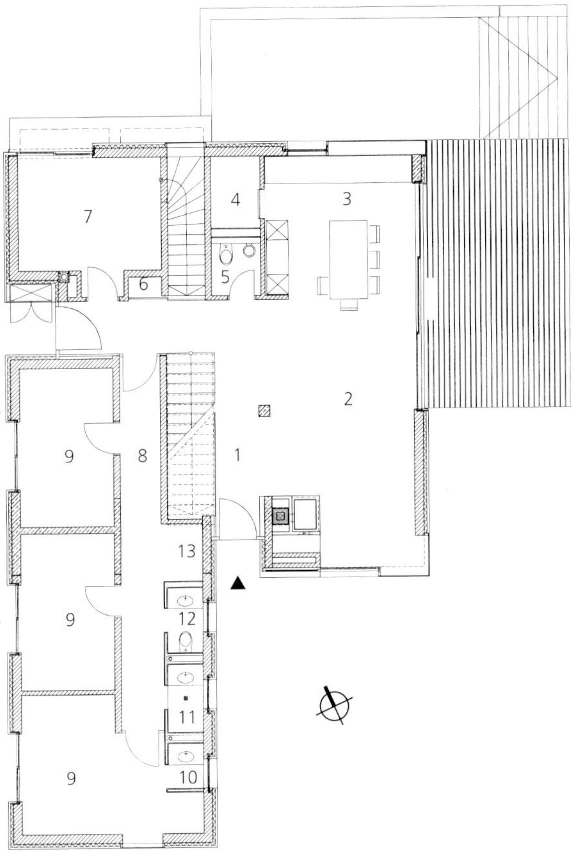

Erdgeschoss
M 1:200

1 Diele
2 Wohnen
3 Kochen, Essen
4 Vorräte
5 Gäste-WC
6 Garderobe
7 Arbeiten
8 Flur
9 Kind
10 Waschbecken
11 Dusche
12 WC
13 Abstellen

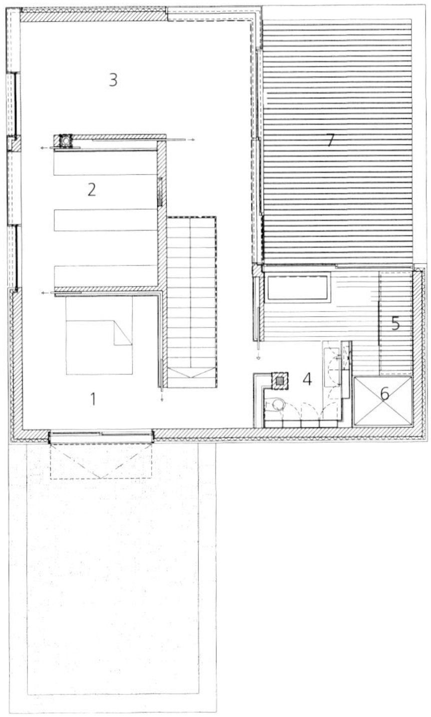

Obergeschoss
M 1:200

1 Schlafen Eltern
2 Ankleide
3 Zimmer
4 Bad
5 Dusche
6 Dampfsauna
7 Dachterrasse

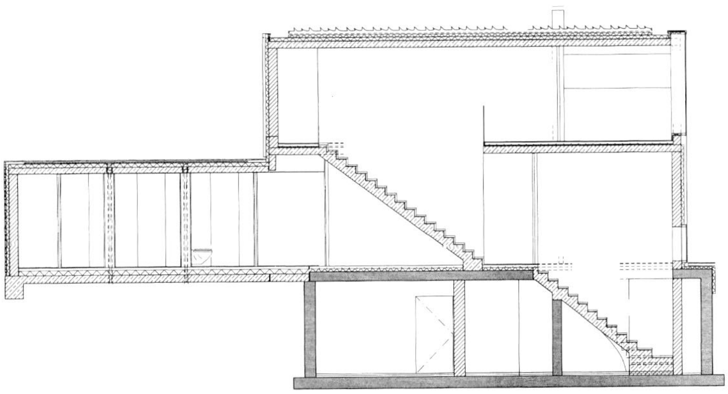

Schnitt
M 1:200

Anerkennung: **Christine Timmermann, Hamburg**

Einfamilienhaus in Hamburg

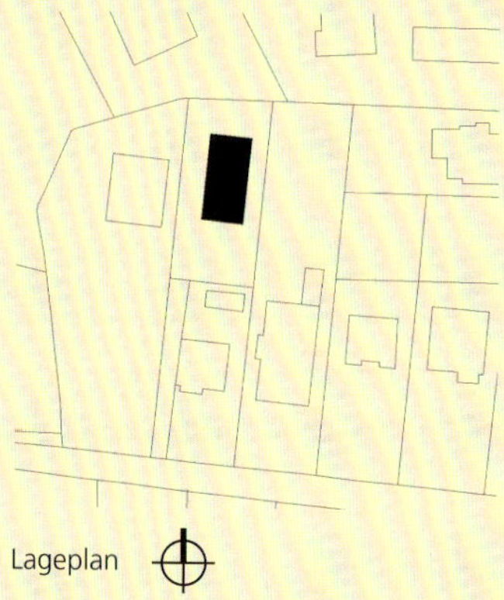

Lageplan

Logenplatz im Grünen

Als wäre die Zeit hier stehen geblieben: Diesen Eindruck hatte Christine Timmermann, als sie zum ersten Mal in die schmale, kopfsteingepflasterte baumbestandene Straße im Hamburger Stadtteil Blankenese einbog. Auf einem in zweiter Reihe liegenden „Pfeifenstielgrundstück" entdeckte sie den Bauplatz für ihr neues Haus. Das Areal steigt nach Norden hin leicht an und ist an diesem Ende von schönem alten Baumbestand – Eichen, Buchen, Akazien und Linden – umrahmt. Dem introvertierten Charakter dieser Grundstückssituation entsprechend entstand das Konzept eines schlichten und in sich ruhenden Baukörpers.

Das neue Wohnhaus setzt sich aus zwei monolithischen, unterschiedlich großen Quadern mit Lochfassade zusammen. Um auf dem schmalen Areal möglichst viel Garten im Süden zu belassen, rückt der Neubau nah an die nördliche Grenze. Zusätzlich bietet eine große Dachterrasse Platz zum Sonnen und Raum im Freien.

Die Fassade aus blaurot-buntem Wittmunder Klinker betont die Schwere des massiven großen Wohnquaders, der sich zurückhaltend in seine Umgebung einfügt. Ganz anders wirkt der Dachaufbau des kleineren Quaders, dem seine horizontale Lamellenschalung aus heimischer Douglasie auch optisch mehr Leichtigkeit verleiht. Das Holz wiederholt sich in der Fassade der unteren Geschosse und stellt den Bezug zwischen beiden Baukörpern her.

Ebenso einfach wie funktional zeigt sich der Grundriss, der ganz auf die individuellen Bedürfnisse und die besondere Lebenssituation einer Familie zugeschnitten ist: ein kommunikatives Haus, das zugleich viele Rückzugsmöglichkeiten bietet. Das Erdgeschoss bildet den Mittelpunkt des Familienlebens und wird durch zwei Wandscheiben in Wohn-, Ess- und Kochbereich gegliedert und durch unterschiedliche Deckenhöhen zusätzlich zoniert. Ein Luftraum über dem Essplatz sorgt für ein großzügiges Raumgefühl und Blickkontakt ins Obergeschoss, wo sich Kinderzimmer, Elternschlafraum und Bäder befinden. Die nicht tragenden Wandscheiben zwischen den Zimmern sind in Leichtbauweise erstellt, um flexibel auf Veränderungen reagieren zu können.

Eine detaillierte Ausschreibung im Bereich der am stärksten ins Gewicht fallenden Gewerke, beispielsweise des Rohbaus, hielt die Baukosten ebenso im Rahmen wie die budgetbewusste Planung: So wurden etwa bei den Fenstern gleiche, wiederkehrende Formate gewählt, und dort, wo Öffnungsflügel nicht erforderlich sind, fest stehende Elemente eingebaut. Für die energieeffiziente Beheizung des Hauses sorgt eine Erdsondenwärmepumpe.

Der Baukörper setzt sich aus zwei verschieden großen Quadern zusammen, die sich auch in Materialwahl deutlich unterscheiden. Die Holzverschalung des Dachaufbaus wird in der Fassade an der Eingangsseite fortgeführt.

Mit seiner dunklen Lochfassade aus Wittmunder Klinkern und den dazwischen liegenden Holzverkleidungen aus Douglasie fügt sich das Haus zurückhaltend in seine natürliche Umgebung ein.

Auch der Wohnraum im Erdgeschoss profitiert von der idyllischen Lage des Hauses und orientiert sich mit seinen Öffnungen auf Terrasse und Garten.

Sichtgeschützter Sonnenplatz mit Blick ins Grün: Die Dachterrasse wird bei schönem Wetter zu einem zusätzlichen Zimmer im Freien.

Büroprofil

Christine Timmermann
Mörikestraße 7A
D-22587 Hamburg
Studienort:
Hochschule für Angewandte Wissenschaften (HAW), Hamburg

Gebäudedaten

Grundstücksgröße: 500 m²
Wohnfläche: 218 m²
Zusätzliche Nutzfläche: 50 m²
Anzahl der Bewohner: 4
Bauweise: Massivbau/Dachgeschoss Holzkonstruktion
Baukosten je m² Wohn- und Nutzfläche: 1.042 Euro
Eigenleistungen: Planung, Bauüberwachung
Baukosten gesamt: 279.222 Euro
Heizwärmebedarf: 69,3 kWh/m²a
Primärenergiebedarf: 80,2 kWh/m²a
Fertigstellung: 2003

Dachatelier
M 1:200

1 Dachatelier
2 Abstellraum
3 Dachterrasse

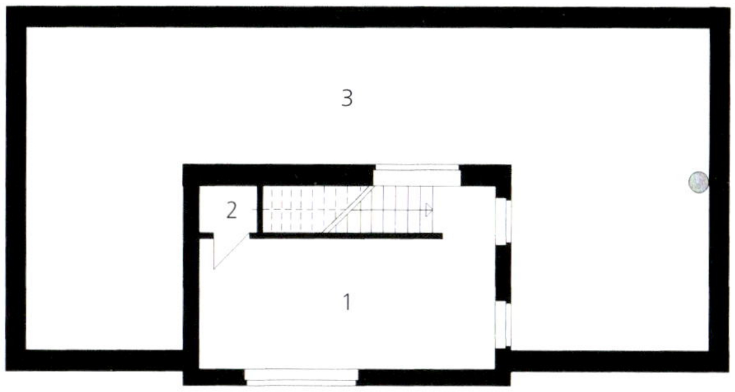

Obergeschoss
M 1:200

1 Schlafen
2 Bad
3 Kind
4 Luftraum

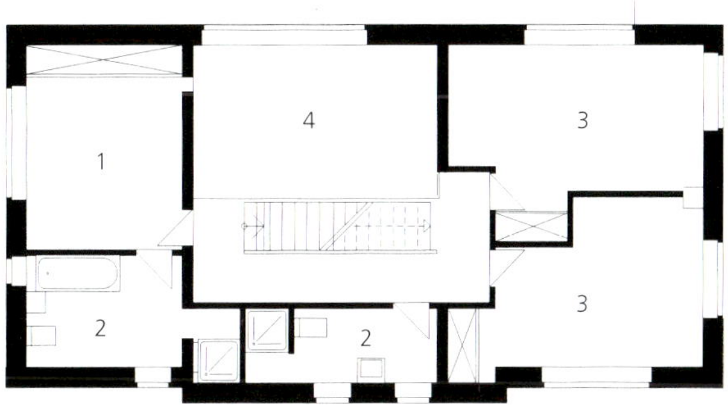

Erdgeschoss
M 1:200

1 Eingang, Flur
2 WC
3 Küche
4 Essen
5 Wohnen

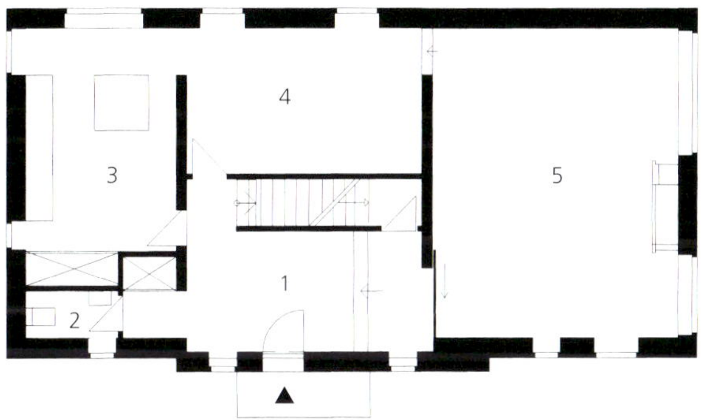

Schnitt
M 1:200

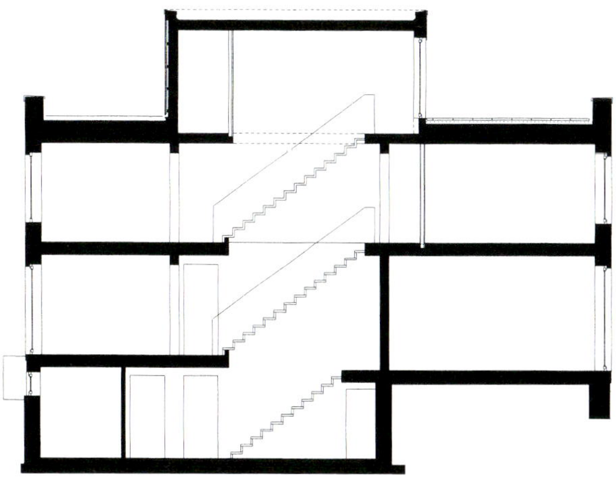

Der Essplatz bildet den kommunikativen Mittelpunkt des Hauses. Die zweigeschossige Halle lässt ein Gefühl von Weite und Großzügigkeit entstehen und ermöglicht Sichtkontakte zwischen den Wohnebenen.

Schlicht und funktional wirkt die Küche, die sich im Nordosten an die Halle anschließt. Dunkler Schieferboden kontrastiert mit hellen Wänden und Einbaumöbeln.

Anerkennung: **Jan-Niclas Döpkens und Thorsten Nagel, Bremen**

I Einfamilienhaus in Bremen-St.Magnus

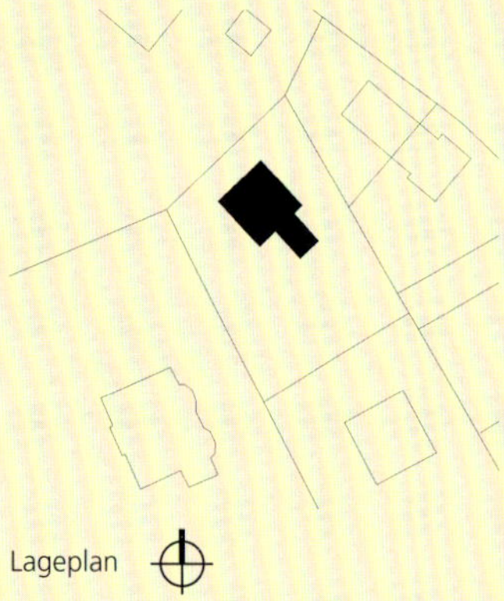

Lageplan

Schwebender Raumbalken

Es war der letzte freie Bauplatz, der hier noch zur Verfügung stand: Das Grundstück in Bremen-St.Magnus liegt schön eingegrünt und von alten Bäumen umgeben in einem Areal, das städtebaulich von einer herrschaftlichen Villa aus dem Jahr 1890 dominiert wird. Die Parzelle befindet sich in zweiter Reihe und wird zur Erschließungsstraße hin von dem Hofmeierhaus – einem Wirtschaftsgebäude aus der gleichen Zeit – sowie einer Doppelhausbebauung neueren Datums abgeschirmt. Innerhalb dieser heterogenen Struktur nimmt der Neubau selbstbewusst seinen Platz ein.

Der Entwurf des Zweipersonenhauses basiert auf einer klaren, einfachen Formensprache. Der Baukörper setzt sich aus zwei ineinander geschobenen Volumina zusammen, die sich im Material der Außenhaut deutlich voneinander unterscheiden: Das massive Erdgeschoss, das sich auf einer quadratischen Grundfläche entwickelt, bildet den Sockel des Hauses. Dieser ist in Anlehnung an das Nachbargebäude mit dem gleichen dunklen Klinker verblendet. Er wird umfasst von einem winkelförmigen Raumbalken, dessen helle Putzfassade ein Gegengewicht zu dem robusten Quader bildet. Dieses Spiel zwischen Schwere und Leichtigkeit, zwischen geschlossenen und offenen Flächen macht den besonderen Reiz des Hauses aus. Durch die vielfältigen Sichtbezüge in die umgebende Landschaft entstehen fließende Übergänge zwischen Innen und Außen, die sowohl ein Gefühl von Weite vermitteln, als auch einen Eindruck von Geborgenheit erwecken.

Der Zugang zum Haus befindet sich im Nordosten, wo die Fassade nur sparsam mit Öffnungen bestückt ist: Ein lang gestrecktes, schmales Fensterband durchbricht die glatte Front im Obergeschoss und fasst die Räume optisch zu einer Einheit zusammen. Auf der Gartenseite hingegen gibt sich das Haus extrovertiert. Der Wohn- und Essbereich mit einer über Eck laufenden Verglasung orientiert sich ganz zur Aussicht. Über eine offene Treppe gelangt man in den darüber liegenden Raumbalken, in dem Galerie, Bad, Ankleide sowie Schlafzimmer untergebracht sind.

Die Innenräume bieten Wohnkomfort in puristisch-schlichter Optik: Verputzte, weiß gestrichene Wände und durchgehend verlegtes Eichenparkett sorgen für eine angenehme Atmosphäre. Die konsequente Reduktion von Materialien und Details trägt hier ebenso zum Kosten sparenden Bauen bei wie die gut gedämmte und tageslichtoptimierte Gebäudehülle, die im Winter die Sonnenenergie passiv nutzt und im Sommer von den Bäumen natürlich verschattet wird.

▌Blick auf die Eingangsseite im Nordosten. Das idyllisch gelegene Grundstück ist umgeben von Grün und altem Baumbestand. Im Hintergrund ist die alte Villa aus dem Jahr 1890 zu erkennen.

▌Der massive, dunkel geklinkerte Erdgeschosstrakt wird von dem Obergeschoss wie von einem Bügel umfasst, dem seine helle Putzfassade auch optisch mehr Leichtigkeit verleiht.

▌Unten links: Die Treppe zum Obergeschoss ist in einer frei stehenden Sichtbetonscheibe verankert.

▌Unten rechts: Der Wohnbereich im Erdgeschoss wirkt durch die raumhohe Übereckverglasung umso großzügiger – die Grenzen zwischen Innen und Außen scheinen zu verschwimmen.

▌Oben: Schöne Aussichten bieten sich auch von der offenen Galerie in der oberen Etage, die von drei Seiten Licht erhält.

Büroprofil

Dipl.-Ing. Architekt
Jan-Niclas Döpkens
Dipl.-Ing. Thorsten Nagel
ProCon Ingenieurgesellschaft
für wirtschaftliches
Bauen mbH
Otto-Lilienthal-Straße 20
D-28199 Bremen
www.procon-ing.de
www.doepkens-architekten.de

Studienort: Dipl.-Ing. Architekt Jan-Niclas Döpkens/ Dipl.-Ing. Thorsten Nagel: FH Bremen
Bürogründung:
1998 (ProCon); 2005 (doepkens architekten)
Anzahl der Mitarbeiter:
17 (ProCon); 3 (doepkens architekten)

Gebäudedaten

Grundstücksgröße: 1.200 m²
Wohnfläche: 180 m²
Zusätzliche Nutzfläche: 10 m²
Anzahl der Bewohner: 2
Bauweise: Massivbau
Baukosten je m² Wohn- und Nutzfläche: 1.300 Euro
Baukosten gesamt:
247.000 Euro

Heizwärmebedarf:
73,2 kWh/m²a
Primärenergiebedarf:
112,9 kWh/m²a
Fertigstellung: 2004

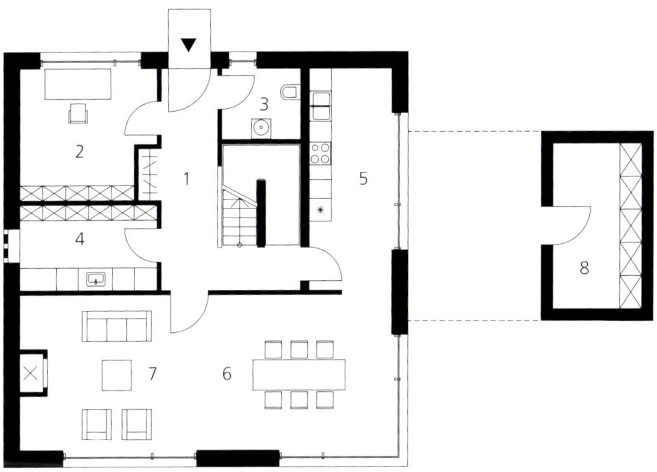

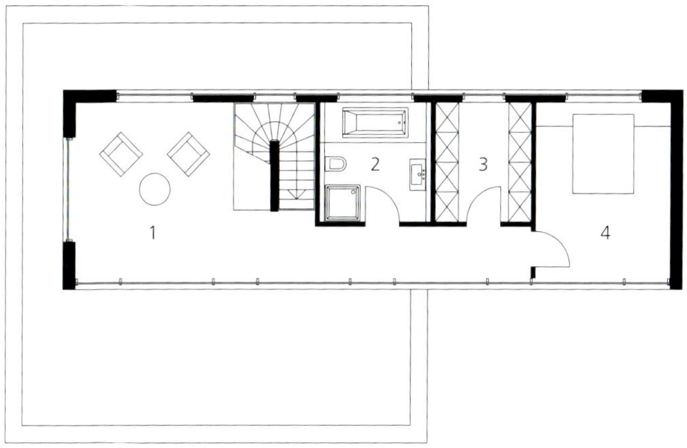

Erdgeschoss
M 1:200

1 Entree
2 Arbeiten
3 WC
4 Hauswirtschaft
5 Kochen
6 Essen
7 Wohnen
8 Abstellraum

Obergeschoss
M 1:200

1 Lounge
2 Bad
3 Ankleide
4 Schlafen

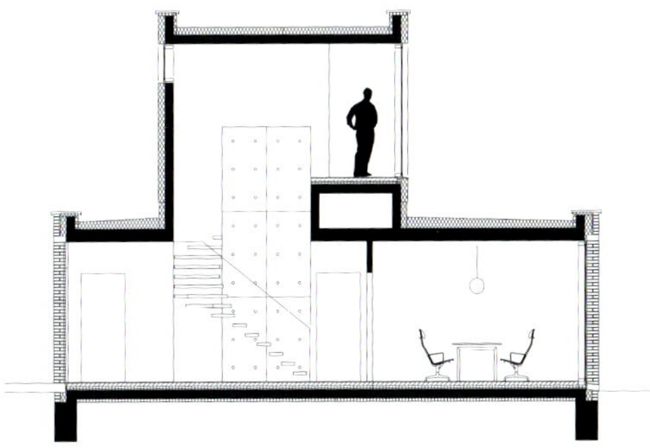

Schnitt
M 1:200

Anerkennung: Christine Edmaier, Berlin

Einfamilienhaus in Schönwalde bei Berlin

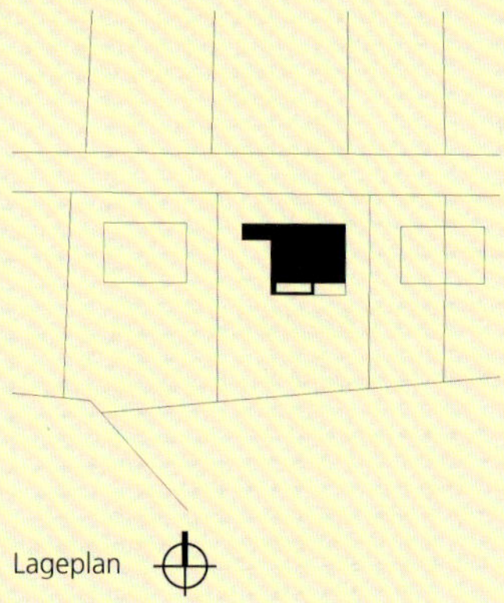

Lageplan

Aufgeschlossen

Modern, transparent und offen, so stellte sich der Bauherr sein neues Domizil vor, das auf einem Grundstück in ruhiger Lage unweit von Berlin entstehen sollte. Offenheit bedeutete dabei auch, dass es innerhalb des Hauses keine Türen geben sollte. Architektin Christine Edmaier griff diese Idee auf und machte sie zum zentralen Entwurfsthema. Sie konzipierte ein Gebäude, das sich aus zwei unterschiedlich hohen Baukörpern zusammensetzt, die durch eine Glasfuge miteinander verbunden sind.

Man betritt das Haus durch diese Fuge, deren Natursteinbelag sich vom Stellplatz über den Eingang bis ins Innere zieht. Ein eingeschossiger schmaler Vorbau, grau verputzt und mit Lochfassade, schirmt das Haus zur Straße hin ab und dient zugleich als Funktionsriegel – für Abstellräume, Technik, Bad, WC. In einem zweigeschossigen Kubus, der sich nach Süden orientiert, sind die Aufenthaltsbereiche – Wohnen, Kochen, Essen, Schlafen – untergebracht. Schiebewände aus satiniertem Glas trennen den Riegel an der Nordseite vom Wohnbereich: Je nach Wunsch lassen sich einzelne Funktionen zuschalten, beispielsweise die Badewanne zum Hauptraum öffnen oder schließen. Das Innere passt sich flexibel verschiedenen Alltagssituationen seiner Bewohner an, ohne die Nutzungen zu separieren. Im Obergeschoss allerdings kann gegebenenfalls ein Kinderzimmer abgetrennt werden.

Der Wohnbereich ist durch wenige Elemente, wie den Pfeiler mit offenem Kamin und die Treppenwand mit den eingestemmten Holzstufen gegliedert, die neben den Außenwänden die einzig tragenden Elemente sind. In den Innenräumen bleibt der Beton des Rohbaus sichtbar und bildet einen reizvollen Kontrast zu den Glasflächen, mit denen sich das Haus zum Garten hin öffnet. Auch Brüstungen und Absturzsicherungen sind innen wie außen transparent ausgeführt.

Der Entwurf berücksichtigt Investitions- und Betriebskosten gleichermaßen. Vor allem das offene Wohnkonzept – ohne Türen und Trennwände –, die Zusammenfassung der Nassräume an einer Wand, die roh belassenen Betonoberflächen und nicht zuletzt auch der Verzicht auf einen Keller machen sich bei den Baukosten positiv bemerkbar. Wärmegewinne über die Glasflächen senken den Heizenergiebedarf, die Außenwände sind im Wärmedämmverbundsystem realisiert. Beheizt wird das Haus – sowohl über Fußboden- als auch Wandflächen – mit einer Erdwärmepumpe. Das Prinzip der Betonkernaktivierung kommt in der Nordwand und der Galeriedecke zum Einsatz, wobei alle Flächen auch zur Kühlung im Sommer verwendet werden.

▌Oben: Klassisch modern, als kubischer weißer Baukörper präsentiert sich das Haus. Raumhohe, fein profilierte Glasfronten und transparente Brüstungen geben den Blick in den Garten frei.

▌Unten links: Mit seiner grau verputzten Fassade fügt sich der eingeschossige Bau, der dem Haupthaus vorgelagert ist, zurückhaltend in die Umgebung ein und schirmt sich mit wenigen Öffnungen zur Straße hin ab.

▌Unten rechts: Küche, Wohn- und Essbereich bilden eine offene Raumfolge. Die Nebennutzungen liegen im eingeschossigen Funktionsriegel hinter satinierten Schiebetüren verborgen und können bei Bedarf dem Hauptraum zugeschaltet werden.

Ein Luftraum verbindet die beiden Wohnebenen miteinander. Glasbrüstungen sorgen für Transparenz und bilden einen reizvollen Kontrast zur rauen Oberfläche des Sichtbetons und dem dunklen Wenge-Parkett.

Büroprofil

Christine Edmaier
Dipl.-Ing. Architektin BDA
Köpenicker Straße 48/49
D-10179 Berlin
Projektmitarbeit: Angela Stock, Antje Fleischer
Studienort: Hochschule der Künste (HdK), Berlin; Istituto Universitario di Architettura (IUAV), Venedig
Bürogründung: 1992
Anzahl der Mitarbeiter: 3–4

Gebäudedaten

Grundstücksgröße: 900 m²
Wohnfläche: 186,8 m²
Zusätzliche Nutzfläche: 10 m²
Anzahl der Bewohner: 2
Bauweise: Massivbau (Stahlbeton)
Baukosten je m² Wohn- und Nutzfläche: 1.423 Euro
Baukosten gesamt: 280.000 Euro
Heizwärmebedarf: 60,9 kWh/m²a
Primärenergiebedarf: 70,5 kWh/m²a
Fertigstellung: 2005

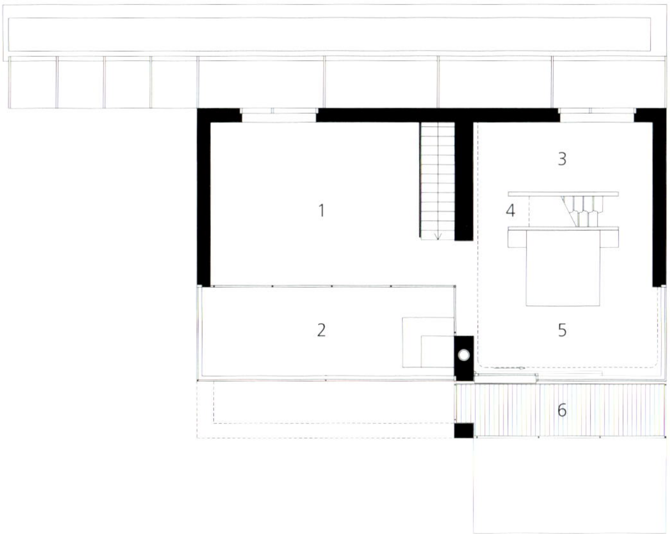

Obergeschoss
M 1:200

1 Arbeiten, Kind
2 Luftraum
3 Ankleide
4 Zugang zum Dach
5 Schlafen
6 Balkon

Erdgeschoss
M 1:200

1 Parken
2 Müll
3 Abstellraum
4 Eingang, Flur
5 Technik
6 Dusche, WC
7 Badewanne
8 Wohnen
9 Kochen
10 Essen
11 Terrasse

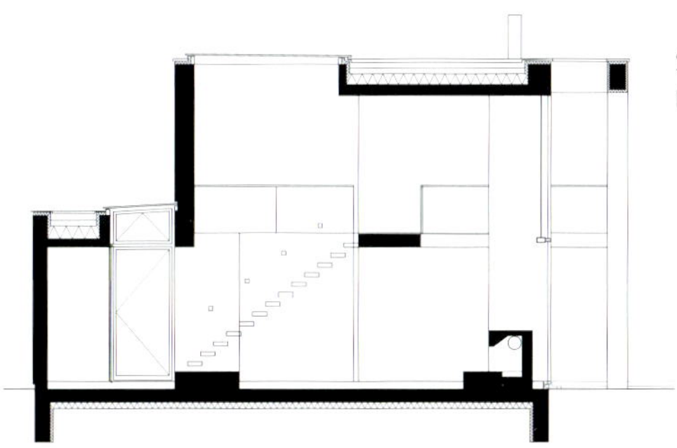

Schnitt
M 1:200

▌Oben: Man betritt den Innenraum über die glasgedeckte, mit hellem Travertinboden ausgekleidete Fuge, die die beiden unterschiedlich hohen Baukörper miteinander verbindet.

▌Unten: Auch die Galerie im Obergeschoss ist als offenes Raumkontinuum konzipiert, das sich jedoch bei Bedarf nachträglich in zwei separate Zimmer unterteilen lässt.

Anerkennung: Julia Bergmann mit kleyer.koblitz.architekten, Berlin

I Einfamilienhaus in Falkensee bei Berlin

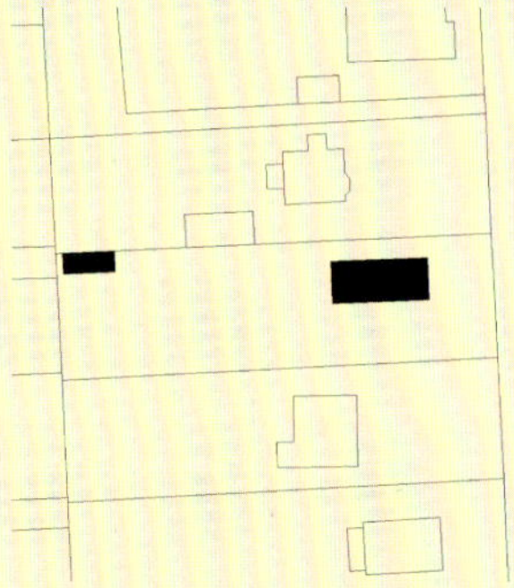

Lageplan

Ausbaufähig

Ein individuelles Architektenhaus – zum Preis eines Fertighauses: Mit dieser ebenso anspruchsvollen wie reizvollen Aufgabe sahen sich die Architekten Julia Bergmann und Timm Kleyer konfrontiert, als sie den Auftrag erhielten, für eine junge Familie unweit von Berlin ein neues Domizil zu errichten. Dabei wünschten sich die Bauherren einerseits möglichst viel Haus für wenig Geld: Die Baukosten sollten unter 1.000 Euro je Quadratmeter liegen. Andererseits hatten sie konkrete Vorstellungen, was Design und gestalterische Qualitäten betraf: Es sollte ein modernes Gebäude mit viel Glas und Stahl und einem großen, offenen Wohnraum werden.

Angesichts des Kostenrahmens verständigte man sich auf einen einfachen, kompakten Baukörper ohne Vor- und Rücksprünge, mit einem Satteldach ohne Überstand. Als Kellerersatzraum dient ein Gartenschuppen. Der Vorschlag der Architekten, ein Stahltragwerk auf einem quadratischen Raster von 3 x 3 Metern einzusetzen, konnte auch wegen der vielen Vorteile, die das modulare System bietet, überzeugen: Die vorgefertigte Konstruktion kann schnell vor Ort montiert werden, Wohnraum und Fassade lassen sich variabel, ohne Rücksicht auf statische Erfordernisse gestalten. Das Tragwerk wird an den Außenwänden mit einem Holzständerwerk ausgefacht, wärmegedämmt und von innen mit einer Dampfsperre luftdicht verschlossen.

Kommunikativen Mittelpunkt des Hauses bildet der große Wohn-, Ess- und Kochbereich im Erdgeschoss, der sich über breite Schiebetüren zum Garten öffnet. Eine filigrane Treppe aus gefaltetem Stahlblech führt ins Obergeschoss, wo Eltern- und Kindertrakt getrennt beidseitig des Flurs angeordnet sind. Das „haus 160 plus“, wie die Architekten es tauften, ist ganz bewusst als Ausbau-Haus konzipiert, das zunächst einen niedrigen Standard vorsieht, der sich bei Bedarf jederzeit mit hochwertigeren Materialien nachrüsten lässt. Die selbst auferlegte Planungsdisziplin ergab dabei durchaus attraktive architektonische Lösungen: Statt aufwändiger und teurer Oberflächen kamen beispielsweise einfache Anstriche und Beschichtungen zum Einsatz, deren intensive Farben Akzente setzen.

Die äußere Hülle des Stahlbaus wurde, dem Wunsch der Bauherren nach einer robusten, wartungsfreien Fassade folgend, mit großflächigen Faserzementplatten verkleidet. Da diese in Hell- und Dunkelgrau besonders kostengünstig sind, wurden beide Farben gezielt bei der Gestaltung eingesetzt. Ein in jeder Hinsicht ausgetüfteltes Konzept: Nach nur viereinhalb Monaten war das Haus fertig – und die Kosten lagen weit unter der vorgegebenen Summe.

Bei dem kompakten, einfachen Baukörper wurde auf Vor- und Rücksprünge in der Fassade ebenso verzichtet wie auf einen Dachüberstand – auch das trägt zum kostengünstigen Bauen bei.

Von außen sieht man dem Haus nicht an, dass es ein Stahlbau ist: Dach und Fassade sind mit farbigen Faserzementplatten verkleidet. Helle, über Eck laufende Bänder lockern die strenge Ordnung auf.

▮ Im offenen Wohnbereich auf der Südseite ist das Tragwerk der Stahlkonstruktion deutlich ablesbar. Statt eines aufwändigen Fliesenbelags erhielt der Estrich lediglich einen Anstrich.

▮ Rechts: Auch im Bad werden die gefliesten Bereiche auf das Notwendigste reduziert.

▮ Im Obergeschoss reichen die Räume bis unter den Dachfirst. Linoleumboden und bunt gestrichene Wände setzen kräftige Farbakzente.

Büroprofil

Julia Bergmann mit kleyer.koblitz.architekten
Urbanstraße 116
D-10967 Berlin
www.kleyerkoblitz.de
www.haus160plus.de
Projektteam: Dipl.-Ing. Architektin Julia Bergmann, Dipl.-Ing. Architekt Timm Kleyer
Studienort: Julia Bergmann/ Timm Kleyer: TH Braunschweig/TU Berlin; École d´Architecture Paris Belleville
Bürogründung: 2000 (kleyer.koblitz.architekten), seit 2003 Kooperation mit Julia Bergmann
Anzahl der Mitarbeiter: 5

Gebäudedaten

Grundstücksgröße: 1.000 m^2
Wohnfläche: 160 m^2
Anzahl der Bewohner: 4
Bauweise: Stahlskelettbau
Baukosten je m^2 Wohnfläche: 899 Euro
Baukosten gesamt: 143.760 Euro
Heizwärmebedarf: 69 kWh/m^2a
Primärenergiebedarf: 110 kWh/m^2a
Fertigstellung: 2005

Obergeschoss
M 1:200

1 Büro, Gast
2 Eltern
3 Bad
4 Flur
5 Kind

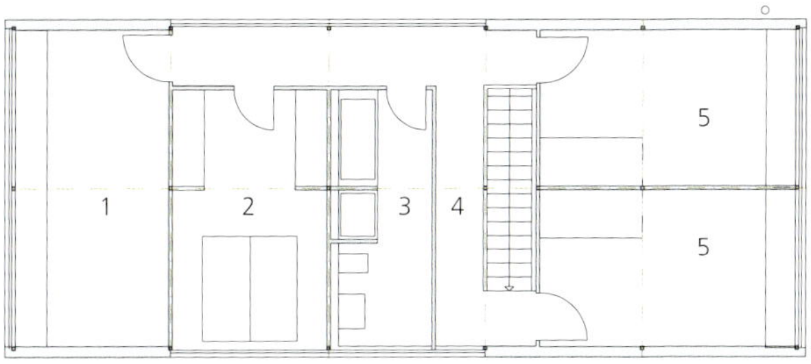

Erdgeschoss
M 1:200

1 Wohnen
2 Essen, Kochen
3 Diele
4 Gäste-WC
5 Abstellraum
6 Hauswirtschaft
7 Hausanschluss, Heizung

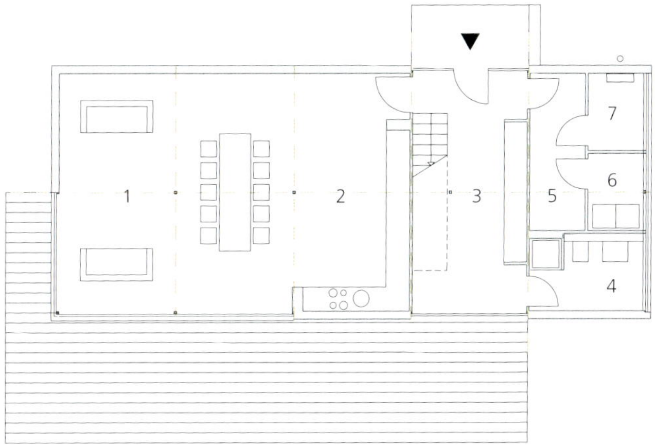

Schnitt
M 1:200

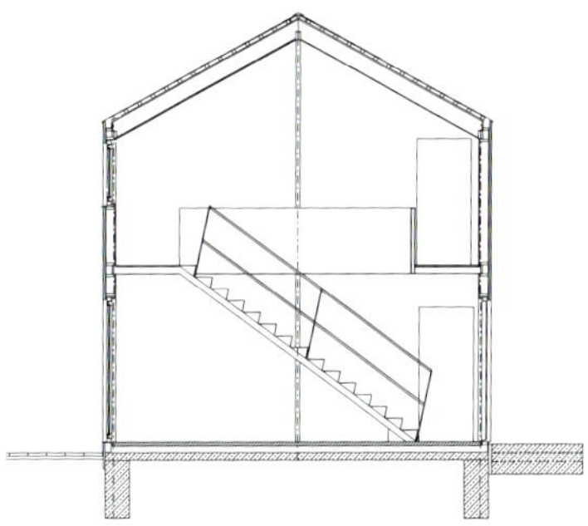

Isometrie

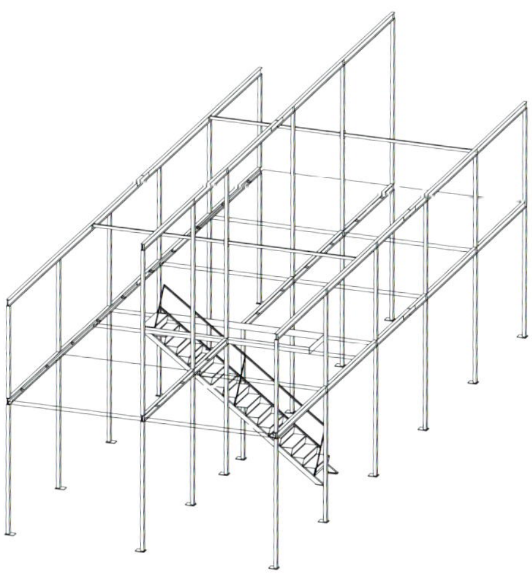

▮ Wie ein kunstvolles Faltwerk wirkt die filigrane Stahltreppe, deren Stufen mit grauem Filz belegt sind.

I **Einfamilienhaus in Groß Glienicke**

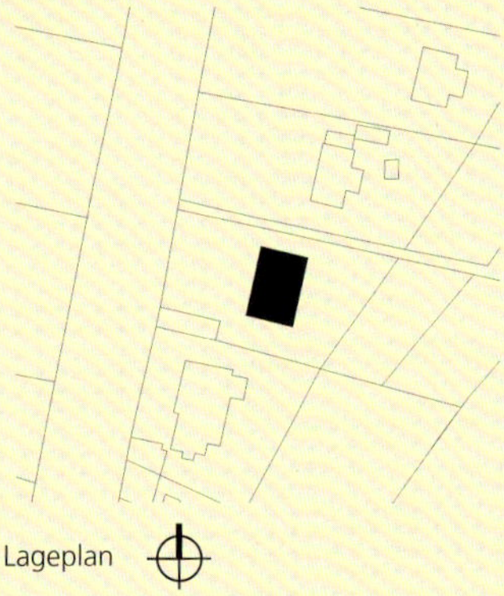

Schöne Aussichten

Auf halbem Weg zwischen Potsdam und Berlin-Spandau, umgeben von Wäldern, Wiesen und Feldern, gelangt man in die Gemeinde Groß Glienicke. Die Nähe zur Metropole Berlin, zur Natur und zum Wasser – dem Groß Glienicker See – macht den kleinen Ort mit seiner malerischen Umgebung seit jeher zu einer beliebten, attraktiven Wohnlage. Auch das Grundstück, auf dem Neumann Landwehr Architekten dieses Einfamilienhaus bauten, profitiert von den Vorzügen: ein steil nach Osten abfallender Hang mit mediterran anmutendem Kiefernbestand und wunderbarer Aussicht auf den See.

Die Architekten machten diesen Ausblick zum zentralen Entwurfsthema, indem sie immer wieder den Bezug zum Garten und zur freien Natur herstellten. Der verwunschenen Landschaft setzten sie einen modernen weißen Baukörper mit klaren Formen entgegen, der geprägt wird von seiner kubischen Gestalt und den außenbündig liegenden Fenstern. Im Eingangsbereich im Erdgeschoss orientieren sich Küche und Nebenräume nach Westen. Im Osten, mit seiner Längsseite frontal auf den See ausgerichtet, liegt der raumhoch verglaste Essplatz, der in den Wohnbereich übergeht. Dieser öffnet sich in der Südostecke überraschend zweigeschossig in einen Luftraum und reicht bis unters Dach, wo durch ein Oberlichtband die Sonne hereinfällt. Da das Erdgeschoss durch den Hangverlauf auf der Gartenseite zum Obergeschoss wird, haben die Architekten hier einen kleinen Aussichtsbalkon eingeplant, sodass sich der Wohnraum über einen Freisitz nach draußen erweitert.

Schlafräume und Bad liegen, einer klassischen Grundrissaufteilung folgend, im Obergeschoss. Da die Bauherren sich ein kindgerechtes Haus wünschten, das auf die unterschiedlichen Lebensphasen einer Familie flexibel reagieren kann, haben die Architekten im Untergeschoss, zur Seeseite hin, weitere Aufenthaltsräume vorgesehen: Diese können als Gästezimmer, Büro oder Spielbereich genutzt werden und später beispielsweise zu einem Kinderapartment – mit direktem Ausgang in den Garten – umfunktioniert werden.

Balkone, Terrassen und Loggien verzahnen das Haus auf allen Ebenen mit der Landschaft. Über eine außen liegende Treppe gelangt man vom Obergeschoss zur Dachterrasse. Hier hat man den schönsten Blick auf den See – und kann abends die letzten Sonnenstrahlen einfangen. Die kompakte Bauweise, verbunden mit hoher Wärmedämmung und minimalen Fensteröffnungen nach Norden trägt dazu bei, dass das Haus auch energetisch im grünen Bereich bleibt.

▮ Mit moderner Architektursprache und klaren kubischen Formen setzt das Haus bewusst auf Kontraste zu seiner malerischen Umgebung. Eine Aussparung in der Gebäudehülle inszeniert den Aufgang zur Dachterrasse.

▮ Oben: Die Dachterrasse mit Blick auf den Groß Glienicker See und die angrenzenden Wälder.

▮ Links: Über eine schmale, außen liegende Holztreppe gelangt man von der Loggia in der Schlafebene auf die Dachterrasse.

▮ Rechts: Unter dem filigranen Baumdach entwickelt sich das Gebäude auf der Hangseite über drei Ebenen. Ein kleiner Aussichtsbalkon verzahnt den Wohnraum mit dem Grün.

▮ Rechte Seite: Der Wohnbereich erstreckt sich über zwei Geschosse in einen Luftraum. Über ein Glasband im Dach fällt zusätzlich Licht von oben herein.

▌Die große Küche mit Essplatz bietet einen optimalen Rundumblick. Helle Einbauten aus Birkensperrholz sorgen für eine wohnliche Atmosphäre.

Büroprofil

neumann landwehr architekten
Seepromenade 68
D-14476 Potsdam/
Groß Glienicke
www.neumannlandwehr-architekten.de

Studienort:
Dipl.-Ing. Architektin Barbara Neumann-Landwehr/
Dipl.-Ing. Architekt Ulrich Neumann: Universität Stuttgart; Heriot-Watt University Edinburgh/Universität Stuttgart
Bürogründung: 1995
Anzahl der Mitarbeiter: 2

Gebäudedaten

Grundstücksgröße: 1.000 m^2
Wohn-und Nutzfläche: 208 m^2
Anzahl der Bewohner: 4
Bauweise: Massivbau (Poroton)
Baukosten je m^2 Wohn- und Nutzfläche: 1.328 Euro
Baukosten gesamt: 276.250 Euro
Heizwärmebedarf: 51 kWh/m^2a
Primärenergiebedarf: 81 kWh/m^2a
Fertigstellung: 2004

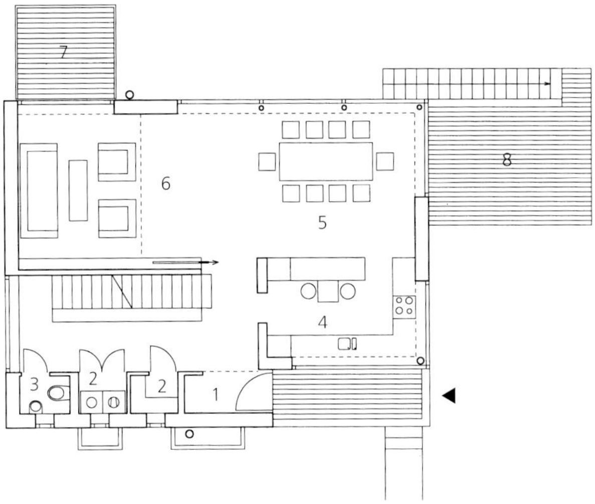

Erdgeschoss
M 1:200

1 Windfang
2 Abstellraum
3 WC
4 Küche
5 Essen
6 Wohnen
7 Balkon
8 Terrasse

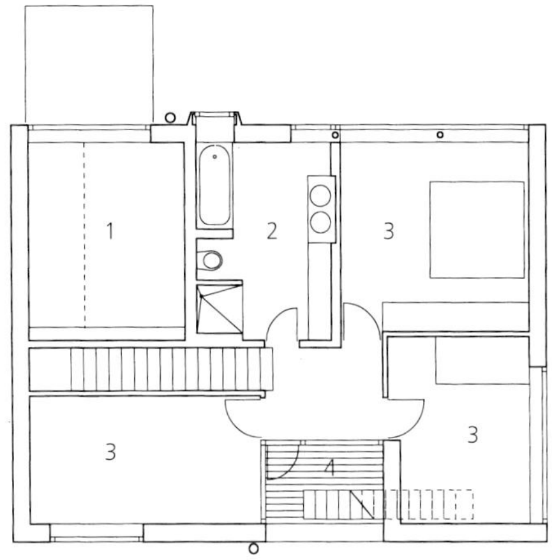

Obergeschoss
M 1:200

1 Luftraum
2 Bad
3 Zimmer
4 Loggia

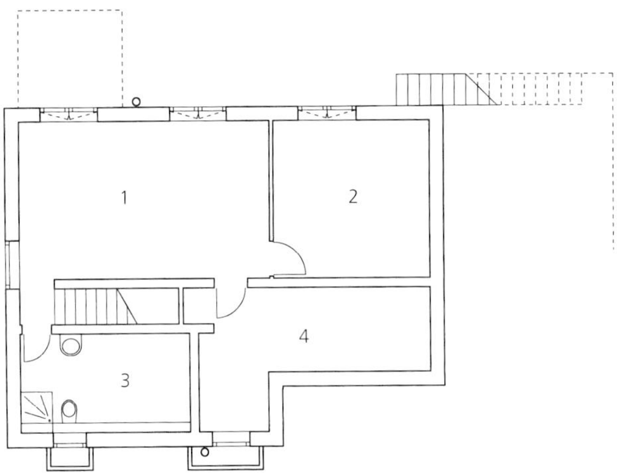

Untergeschoss
M 1:200

1 Spielen
2 Arbeiten
3 Bad, WC, Sauna
4 Hausanschluss

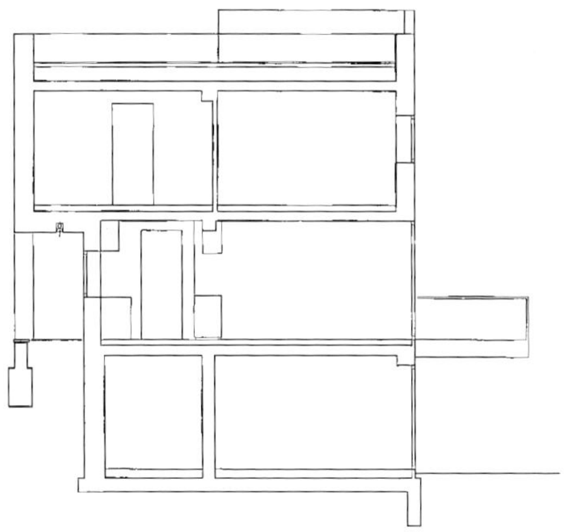

Schnitt
M 1:200

Anerkennung: **Becher + Rottkamp, Berlin**

I **Einfamilienhaus in Berlin**

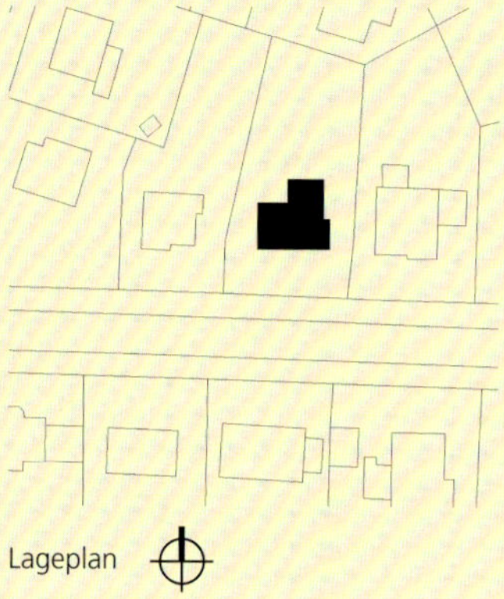

Lageplan

Moderner Klassiker

Das Bauhaus stand unverkennbar Pate bei diesem Gebäude, das Becher und Rottkamp für eine Familie im Berliner Stadtteil Zehlendorf entwarfen. Von der Architektur der 1920er Jahre angetan, wünschten sich die Bauherren ein schlichtes kubisches Wohnhaus. Diese klare gestalterische Vorstellung sollte sich im Laufe des Entwurfsprozesses sogar noch weiter verfestigen. Das Grundstück liegt inmitten eines alten Villengebiets, direkt an der Spanischen Allee. Aufgrund der Lärmbelästigung, die von der viel befahrenen Hauptstraße ausgeht, orientiert sich das Haus nach Norden, zum Garten hin, und präsentiert sich zum Eingangbereich auf der Südseite mit einer nahezu geschlossenen Front.

Die äußere Form des Baukörpers beruht auf dem Prinzip der Addition und Subtraktion: Der 12 x 12 Meter große zweigeschossige Kubus wird durch unterschiedliche Vor- und Rücksprünge in der Fassade modelliert und erhält dadurch sein charakteristisches Aussehen. Die Öffnungen sind auf zwei Größen reduziert und überwiegend als bodentiefe, französische Fenster ausgebildet. Für die Wohn- und Schlafräume wurden breitere Formate gewählt, die schmaleren Formate stehen für die Nebenräume und -funktionen, wie beispielsweise Bad oder Flur. Ein besonderer Blickfang ist das Blumenfenster, das sich im Wohnraum an der exponierten Südwestecke als hervortretendes Gestaltungselement aus der Gebäudeflucht schiebt. Das Erdgeschoss bietet neben dem offenen, Nord-Süd-orientierten Wohn- und Essbereich und der auf der Gartenseite liegenden Küche mit Wirtschaftsraum auch noch Platz für ein kleines Arbeitszimmer direkt neben dem Eingang. Im Obergeschoss gruppieren sich Elternschlafraum und Ankleide, zwei gleich große Kinder- und das Gästezimmer sowie die Bäder um den zentralen Erschließungsflur.

Das Innere des Gebäudes ist gekennzeichnet durch diagonale Sichtbezüge, die an der Fassade durch über Eck laufende Verglasungen ihre Fortführung finden. Deckenhohe Schiebetüren sorgen für Blicktransparenz. Zum großzügigen Gesamteindruck trägt vor allem auch die Raumhöhe von 2,80 Metern im Erdgeschoss und 2,60 Metern im Obergeschoss bei.

Die Außenwände des Massivbaus sind in Kalksandstein-Mauerwerk mit Wärmedämmverbundsystem ausgeführt, was eine deutlich kostengünstigere Alternative zur ursprünglich angedachten Klinkerverblendung ist. Auch auf den geplanten Carport haben die Bauherren zunächst verzichtet, ein oberirdischer Geräteraum hinter dem Einfahrtsbereich schirmt den Stellplatz zum Garten hin ab.

▮ Mit wenigen Öffnungen schirmt sich das Haus im Süden zur Straße hin ab. Hervortretende Gestaltungselemente sind das über Eck laufende Blumenfenster und das Eingangsvordach.

▮ Auf der Gartenseite präsentiert sich das Haus als plastischer Baukörper mit Vor- und Rücksprüngen in der Fassade und eingeschnittenen Übereck-Verglasungen.

▮ Die Galerie im Obergeschoss wird durch ein Glasband im Dach zusätzlich belichtet. Eichenholzparkett und nussbaumfurnierte Einbauten tragen zu dem harmonischen Gesamteindruck bei.

▮ Alles unter Dach und Fach: Ein Blickfang ist der ebenfalls mit Nussbaumholz verkleidete Einbauschrank im Flur.

▮ Unten: Der Wohnraum orientiert sich zur Straße und erhält durch die Übereckverglasung Licht von zwei Seiten.

▮ Bei geöffneter Küchenschiebetür entsteht im Erschließungsflur im Erdgeschoss eine durchgehende Blickachse.

Büroprofil

Becher + Rottkamp
Dipl.-Ing. Architekten BDA
Lietzenburger Straße 51
D-10789 Berlin
www.becher-rottkamp.de
Projektleitung:
Christopher Weiß

Studienort:
Andreas R.Becher/
Elmar L.Rottkamp: Höxter; Blacksburg, Virginia, USA/Höxter, Dortmund
Bürogründung: 1993
Anzahl der Mitarbeiter: 20

Gebäudedaten

Grundstücksgröße: 875 m^2
Wohnfläche: 222 m^2
Zusätzliche Nutzfläche: 111 m^2
Anzahl der Bewohner: 4
Bauweise: Massivbau (KS-Stein, Beton)
Baukosten je m^2 Wohn- und Nutzfläche: 927 Euro
Baukosten gesamt: 308.560 Euro
Heizwärmebedarf: 71,6 kWh/m^2a
Primärenergiebedarf: 102,1 kWh/m^2a
Fertigstellung: 2004

Obergeschoss
M 1:200

1 Flur
2 Kind
3 Balkon
4 Ankleide
5 Schlafen
6 Bad
7 Gast

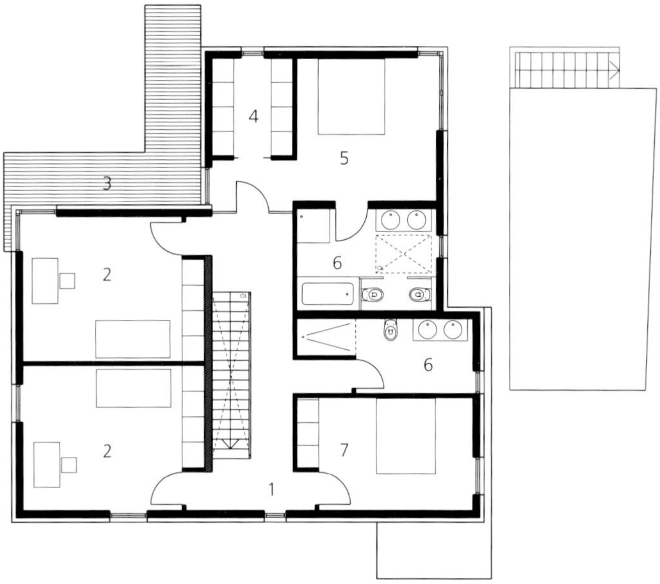

Erdgeschoss
M 1:200

1 Eingang
2 Diele
3 Arbeiten
4 Wohnen, Essen
5 Terrasse
6 Küche
7 Hauswirtschaft
8 Schleuse
9 WC
10 Carport
11 Geräte

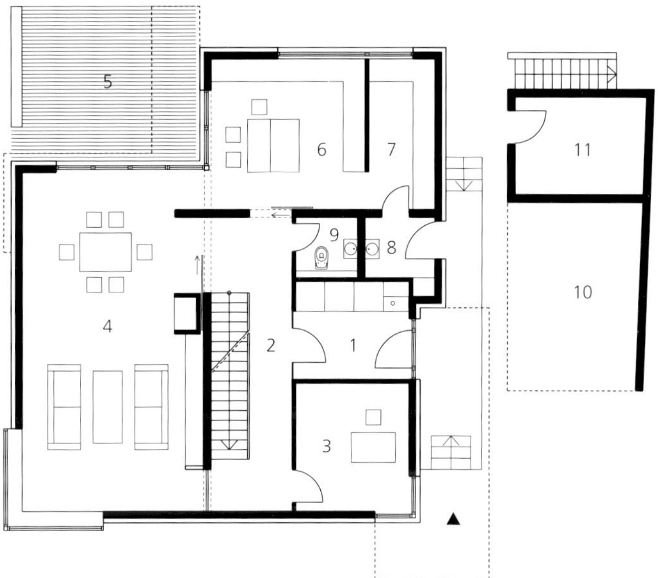

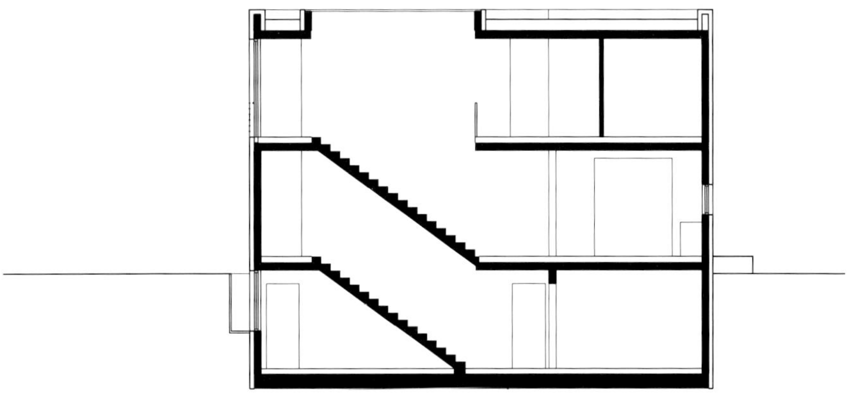

Schnitt
M 1:200

Anerkennung: Keller + Wittig, Cottbus

I Einfamilienhaus in Komptendorf

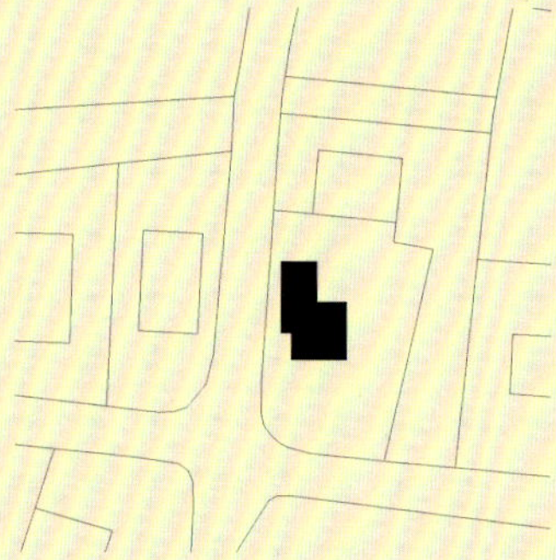

Lageplan

Klein, kompakt und kostengünstig

Etwa 15 Kilometer südlich von Cottbus liegt die Gemeinde Komptendorf. Auf einem Grundstück neben dem ehemaligen Herrenhaus entstand dieses kleine Wohngebäude für eine junge Familie. Der dominante, aber desolate Baukörper des Herrenhauses sowie eine heterogene Bebauung, die in den vergangenen fünfzehn Jahren hier entstanden ist, bilden das bauliche Umfeld, innerhalb dessen sich das Haus als Solitär behauptet. In seiner Höhenentwicklung vermittelt es zwischen dem viergeschossigen Gutshaus und der ein- bis zweigeschossigen Nachbarbebauung.

Da ihrem Budget sehr enge Grenzen gesetzt waren, spielten die Bauherren zunächst mit dem Gedanken an ein Fertighaus. Nachdem sich die ersten Verhandlungen mit Herstellern jedoch enttäuschend gestaltet hatten, ließen sie die Idee wieder fallen: Deren Versuche auf die Grundstückssituation einzugehen waren ebenso wenig überzeugend wie die Grundrisslösungen und die geringen Möglichkeiten, Eigenleistungen zu erbringen. Dem jungen Architektenteam, an das sich die Bauherren daraufhin wandten, gelang es nicht nur einen gestalterisch und funktional überzeugenden Entwurf zu liefern, sondern auch ein sensationell günstiges Ergebnis zu erzielen.

Das zweigeschossige Haus baut auf einem Quadrat auf, an das sich der mit Holzlatten verkleidete Eingangsbereich und ein Garagenanbau anschließen. Glatt geputzte Schiebeläden und eine Dachdeckung mit dunklen Faserzementplatten verleihen ihm sein ruhiges Erscheinungsbild. Auch im Inneren ist die Würfelform Gestalt gebend: Die unterschiedlich hohen Räume sind wie Kisten in die äußere Hülle eingestellt. Sie reichen bewusst nicht bis zu den Dachflächen, sodass der gesamte Innenraum von dem Zeltdach überspannt wird.

Der Einsatz einfacher, preiswerter industrieller Materialien, die Reduktion von Details sowie ein sehr hoher Eigenleistungsanteil senkten die Kosten enorm. Der Rohbau ist aus vorgefertigten Dickholzelementen, die Fassade wurde mit einem Kratzputz auf Wärmedämmverbundsystem versehen. Im Bereich der Schiebeläden ist diese Dämmung um 4 Zentimeter dünner, sodass Taschen für die Laufschienen entstehen. Im Inneren wurde die Oberfläche des Dickholzes lediglich geschliffen und lasiert, die Fußböden sind vorwiegend aus gewachsten und gebeizten Grobspanplatten. Da die Trennwände zwischen den Kinderzimmern als leichte Einbauten ausgeführt sind, ermöglichen sie eine flexible Raumaufteilung. Für die umweltfreundliche Beheizung des Hauses sorgt eine Erdwärmepumpe.

▮ Die Außenhaut der vorgefertigten Dickholzkonstruktion erhielt einen hellen Kratzputz – ebenso wie die in Schienen laufenden Läden aus Faserzementplatten.

▮ An einen Würfel mit Zeltdach erinnert dieses kleine Low-Budget-Haus. Seine besondere Fassadenoptik erhält es durch die versetzt angeordneten Fenster und die bündig integrierten Schiebeläden.

▮ Durch eine satinierte Glaswand fällt Licht vom Wohnbereich in die Diele. Der Bodenbelag ist aus dunkel gebeizten, gewachsten Grobspanplatten, die Oberfläche der Dickholzelemente wurde sichtbar belassen und lasiert.

Büroprofil

Keller + Wittig Architekten GbR
Hubertstraße 6–7
D-03044 Cottbus
www.keller-wittig.de
Projektarchitekten: Uwe Wittig, Isabel Mayer

Studienort:
Christian Keller/Uwe Wittig/ Isabel Mayer: TU Dortmund/ TU Dresden/BTU Cottbus
Bürogründung: 2002
Anzahl der Mitarbeiter: 6

Gebäudedaten

Grundstücksgröße: 786 m^2
Wohnfläche: 125 m^2
Zusätzliche Nutzfläche: 77 m^2
Anzahl der Bewohner: 4
Bauweise: Holzelementbau (Dickholz)
Baukosten je m^2 Wohn- und Nutzfläche: 578 Euro
Eigenleistungen: Putz-, Malerarbeiten u.a.
Baukosten gesamt: 116.756 Euro
Heizwärmebedarf: 36,7 kWh/m^2a
Primärenergiebedarf: 57 kWh/m^2a
Fertigstellung: 2004

Obergeschoss
M 1:200

1 Bad
2 Zimmer

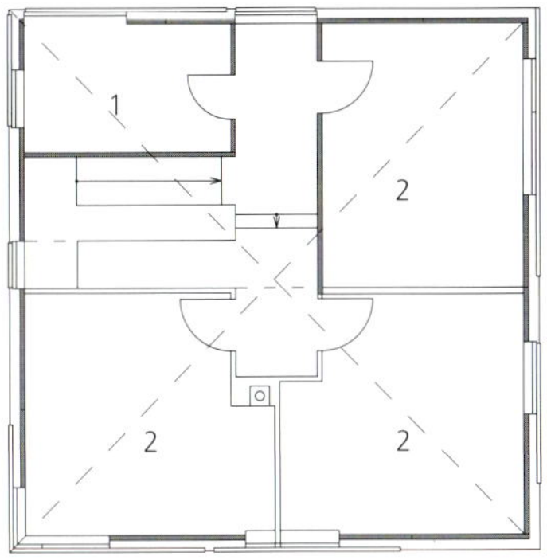

Erdgeschoss
M 1:200

1 Eingang, Diele
2 Technik, Hausanschluss
3 WC
4 Hauswirtschaft
5 Küche
6 Essen
7 Wohnen
8 Garage

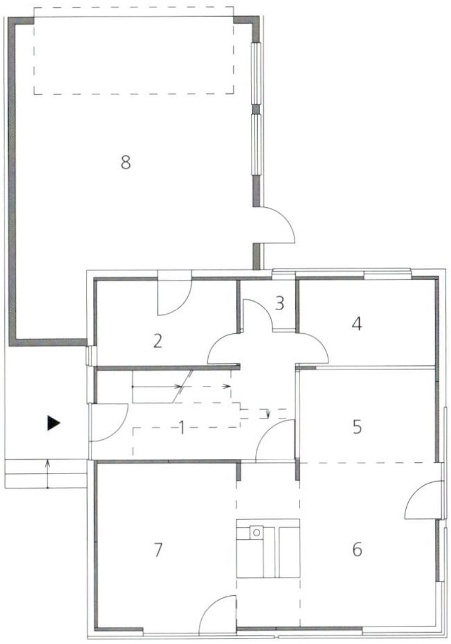

Schnitt
M 1:200

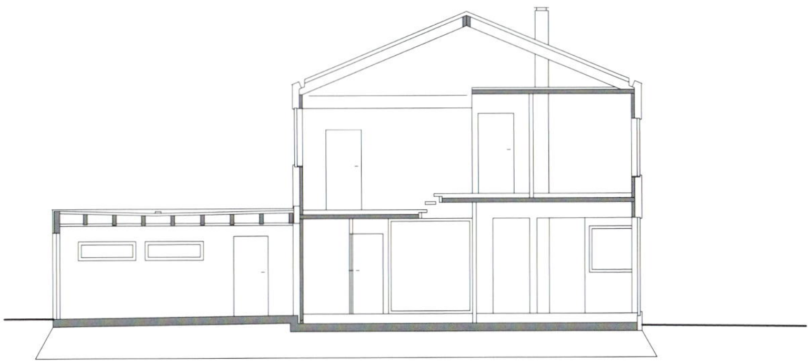

▮ Oben: Die Räume im Obergeschoss sind als einzelne Kuben in die Gebäudehülle eingestellt. Sie berühren die Dachfläche nicht, sodass das Innere in seinem gesamten Volumen erlebbar bleibt.

▮ Unten: Über einen Luftraum ist die kleine Galerie mit dem Eingangsflur verbunden.

I **Einfamilienhaus in Bochum**

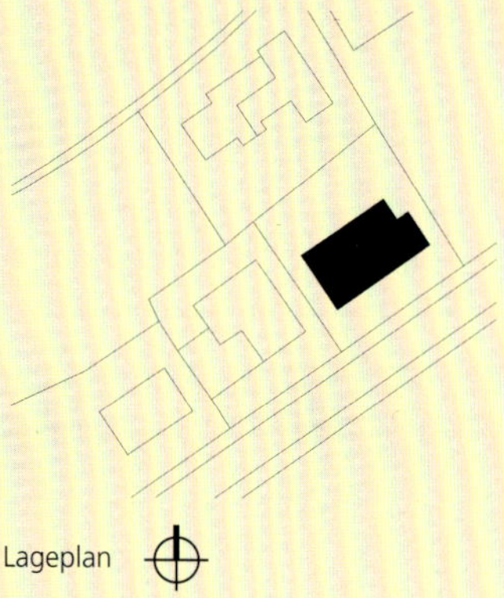

Lageplan

Raum für Veränderung

Häuser für Familien sollten nicht nur ausreichend Platz bieten, sondern sich zudem langfristig unterschiedlichen Lebenssituationen anpassen können. Auch die Bauherren, ein junges Ehepaar, wünschten sich ein Haus, das flexibel auf die sich wandelnden Bedürfnisse einer wachsenden Familie reagieren kann. Die Architekten, die sich bereits bei mehreren Projekten mit dem Thema Generationenwohnen auseinander gesetzt hatten, entwickelten aus diesen Vorgaben ein ebenso schlüssiges wie zukunftsfähiges Konzept.
Das Raumprogramm wurde in zwei Einheiten – Haupt- und Einliegerwohnung – unterteilt. Die etwa 100 Quadratmeter große Einliegerwohnung reicht über zwei Etagen und kann Raum für Raum der Hauptwohnung zugeschlagen werden: Beispielsweise können Arbeits- und Schlafzimmer im Obergeschoss später zu weiteren Kinderzimmern werden. Der untere Teil der Wohnung funktioniert dabei nach wie vor als autarke Apartmenteinheit, die durch ihren ebenerdigen Zugang auch für ältere Bewohner mühelos zu erschließen ist.
Das Bauvolumen gliedert sich aufgrund der steilen Topografie und der Erschließung von der talseits gelegenen Straße in ein hangseitig eingegrabenes Sockelgeschoss und einen darüber liegenden, zurückspringenden Hauptbaukörper. Im Sockelgeschoss befinden sich die zwei separaten Eingänge sowie eine Doppelgarage. Die Aufenthaltsräume der Hauptwohnung liegen in den beiden oberen Geschossen und orientieren sich zur Aussicht nach Süden, die Nebenräume sind auf der nördlichen Hangseite untergebracht. Durch den Gebäuderücksprung auf dieser Ebene entsteht eine umlaufende Balkonterrasse, von der beide Wohnungen profitieren. Ein Luftraum verbindet den Wohnbereich mit der obersten Ebene, in der neben einer Galerie mit Leseecke der Elternschlafraum mit Ankleide und Bad sowie ein weiteres Zimmer untergebracht sind.
Bei der Grundrissorganisation wurde auf die Reduzierung von Verkehrsflächen ebenso geachtet wie auf die Verkürzung von Leitungswegen durch Bündelung der technischen Installation. Der klaren Linie entspricht auch die Gestaltung der Innenräume mit natürlichen Materialien. Die Außenhaut des Massivbaus erhielt einen Anstrich in gebrochenem Weiß und hellem Grau im Sockelbereich. Wie im Inneren trägt die Verwendung von Holz an den Fassaden und Terrassen zur angenehm freundlichen Atmosphäre bei. Das flach geneigte Dach ist mit einem vorgefertigten Aluminium-Tafelsystem gedeckt, sodass kaum Anpassungsarbeiten vor Ort erforderlich waren. Die kompakte Bauform sowie die gute Dämmung sorgen dafür, Wärmeverluste über die Außenhülle zu minimieren.

▮ Unten links: Die Einliegerwohnung hat eine eigene kleine Terrasse auf der Südseite. Fest stehende Sonnenschutzlamellen aus Holz lockern die strengen Ansichten der Fassade auf.

▮ Unten rechts: Eingangsbereich und Garagentor sind mit unbehandeltem Bankirai-Holz verkleidet, das im Lauf der Zeit eine silbergraue Patina bekommt – passend zur Farbe des Sockels.

▮ Oben: Das Wohnhaus gliedert sich in das Sockelgeschoss und den zurückspringenden Hauptbaukörper. Der geradlinigen Gestaltung entsprechen auch die Außenanlagen mit abgetreppten Stützwänden aus Gabionenkörben.

▮ Über einen Luftraum hat der Wohnbereich Sichtkontakt mit dem Flur und der Galerie im Obergeschoss.

▮ Der Wohnraum geht offen in den Essplatz über und wird nur durch eine frei stehende, hellgelbe Wandscheibe zur Küche hin abgeschirmt.

▮ Unten: Viel Platz bietet die geräumige, offene Lesegalerie im Obergeschoss.

Büroprofil

Partnerschaft Heiderich Hummert Klein
Architekten
Prinz-Friedrich-Karl-Straße 34
D-44135 Dortmund
www.heiderich-hummert-klein.de
Projektmitarbeit:
Nicole Dresemann, Dipl.-Ing. Architektin
Studienort: Martin Heiderich/ Axel Hummert/Jörn Frederik Klein: Universität Dortmund/ Universität Dortmund; University of Kansas, USA/ Universität Dortmund
Bürogründung: 2001
Anzahl der Mitarbeiter: 6

Gebäudedaten

Grundstücksgröße: 660 m²
Wohnfläche:
Hauptwohnung 176 m²,
Einliegerwohnung 116 m²
Zusätzliche Nutzfläche: 39 m²
Anzahl der Bewohner: 2 + 2 (je Wohnung)
Bauweise: Massivbau (KS-Planelemente, Beton)
Baukosten je m² Wohn- und Nutzfläche: 1.330 Euro
Baukosten gesamt: 440.000 Euro
Heizwärmebedarf: 54 kWh/m²a
Primärenergiebedarf: 98 kWh/m²a
Fertigstellung: 2004

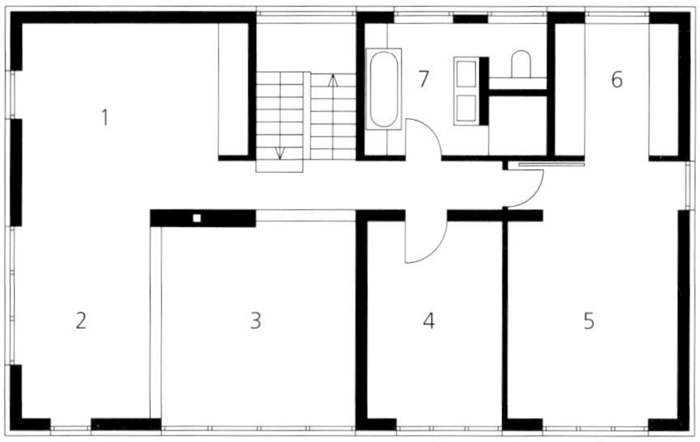

2. Obergeschoss
M 1:200

Hauptwohnung:
1 Lesen
2 Arbeiten
3 Luftraum
4 Zimmer
5 Schlafen
6 Ankleide
7 Bad

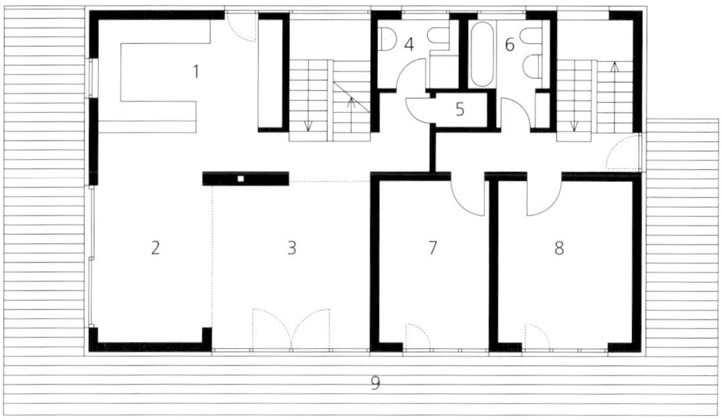

1. Obergeschoss
M 1:200

Hauptwohnung:
1 Kochen
2 Essen
3 Wohnen
4 Dusche, WC
5 Abstellraum

Einliegerwohnung:
6 Bad
7 Zimmer
8 Schlafen
9 Balkonterrasse

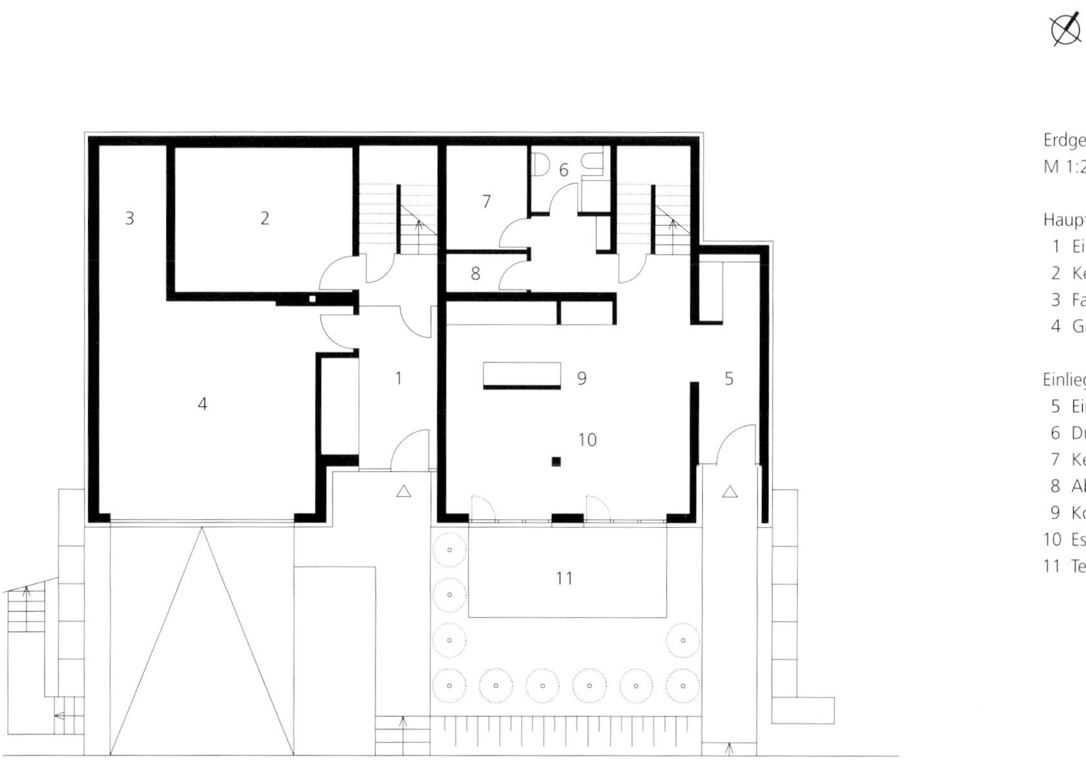

Erdgeschoss
M 1:200

Hauptwohnung:
1 Eingang, Diele
2 Keller
3 Fahrräder
4 Garage

Einliegerwohnung:
5 Eingang, Diele
6 Dusche, WC
7 Keller
8 Abstellraum
9 Kochen
10 Essen, Wohnen
11 Terrasse

I Einfamilienhaus in Köln

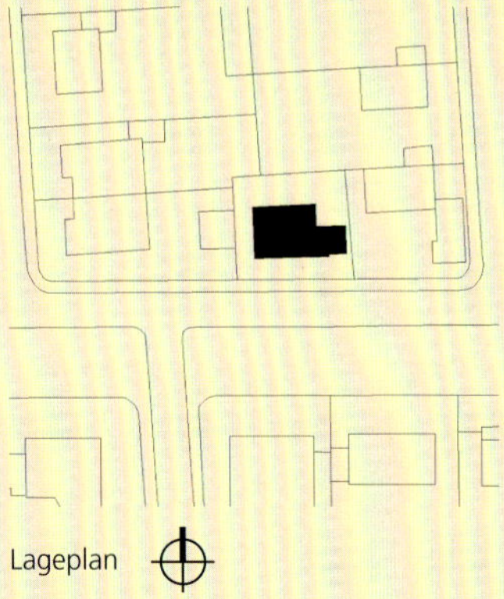

Lageplan

Das Treppen-Haus

Im Kölner Westen liegt die Siedlung „Gartenstadt Stadion“: ein Wohngebiet aus den 1920er Jahren mit einem geschlossenen Ensemble frei stehender Villen im Bauhaus-Stil. Eine kleine Parzelle, die durch eine Grundstücksteilung entstanden war, bildet den Ausgangspunkt für das neue Wohnhaus. Im Süden verläuft eine alte Lindenallee, im Norden schließen die Nachbargrundstücke an. Der Idee der Gartenstadt folgend, entwickelten die Architekten einen Baukörper, der sich durch Vor- und Rücksprünge mit dem Grünraum verzahnt. Obwohl der Bau mit seiner kubischen Form durchaus den Bezug zu den Nachbarhäusern sucht, hebt er sich mit seiner Zedernholzfassade deutlich von deren weiß geputzten Fronten ab und gibt sich selbstbewusst als moderne Architektur zu erkennen.

Bei der Organisation der Grundrisse stellten die ungünstige Nordorientierung zum Garten und die geringe Grundstücksgröße eine besondere Herausforderung dar. Durch geschickte Planung gelang es, ein großzügiges Raumvolumen entstehen zu lassen, das das Sonnenlicht tief ins Hausinnere dringen lässt. Möglich wurde dies durch einen Splitlevel-Grundriss, der sich hier – anders als sonst üblich – über die Längsrichtung des Gebäudes erstreckt. Die Wohn- und Aufenthaltsräume des Hauses entwickeln sich über insgesamt sechs Ebenen, die jeweils halbgeschossig versetzt sind.

Im Souterrain befindet sich ein Arbeitsraum, der dem Architektenehepaar als Home-Office dient und über ein Fensterband belichtet wird. Von der Eingangsebene, die im Süden auf Erdgeschossniveau liegt, gelangt man hinauf in den Koch- und Essbereich an der Nordseite, der wiederum offen in den Wohn- und Elternbereich übergeht. Kinder- und Gästezimmer sind in den beiden obersten Etagen untergebracht, die sich über Terrassen und begehbare Dächer ins Freie erweitern. Da die halbgeschossigen Versprünge in den Wohnbereichen als Sitzstufen ausgebildet sind, entstehen fließende Räume ohne störende Geländer. Durch diese versetzten, offenen Geschossebenen erhalten zudem alle Nutzungsbereiche Südlicht.

Das Haus ist ein Mischbau: Das statische Gerüst bilden gebäudehohe aussteifende Betonwände mit dazwischen gehängten Stahlträgern, die die Geschossdecken aus Holz aufnehmen. Die Fassade wurde als vorfabrizierter Holzrahmenbau an die Decken gehängt. Neben dem Verzicht auf aufwändige Materialien und Details wurde vor allem durch Vorfertigung und Montagebau Zeit und Geld gespart – und die Bauzeit auf nur fünf Monate verkürzt.

▌Auf der Südseite rückt der mit Zedernholz verschalte Baukörper dicht an die Straße heran. Das Dachgeschoss springt leicht zurück und bietet Platz für eine sichtgeschützte Terrasse.

▌Vom Garten auf der Nordseite ist der Splitlevel-Grundriss gut zu erkennen, der sich hier – ganz ungewohnt – in Längsrichtung des Gebäudes erstreckt.

▌Links oben: Durch einen Glasschlitz im Dach zwischen Essplatz und Wohnraum fällt zusätzliches Licht von oben herein.

▌Links unten: Blick in den Arbeitsraum im Souterrain, der durch ein Fensterband auf der Nordseite belichtet wird. Die Eingangsebene links liegt um ein halbes Geschoss höher auf Straßenniveau.

▌Oben: Die Versprünge zwischen den Wohnbereichen sind als Sitzstufen ausgebildet. Durch die offenen Geschossebenen kann das Südlicht auch bis zum Essplatz vordringen.

▌Unten: Über Balkone und umlaufende Terrassen verzahnt sich das Haus immer wieder mit dem Außenraum, wie hier in der Kinderebene im Dachgeschoss.

Die Küche grenzt direkt an den offenen Essplatz an und hat über den schmalen Stahlsteg einen eigenen Ausgang ins Freie.

Büroprofil

Scheuring und Partner
Dipl.-Ing. Architekten
Aachener Straße 40–44
D-50674 Köln
www.scheuring-partner.de
Projektmitarbeit: Marc Ley

Studienort: Prof. Andreas Scheuring/Claudia Hannibal-Scheuring/Martin Lohmann: TU Darmstadt; TU Braunschweig/TU Braunschweig/TU Darmstadt
Bürogründung: 1989
Anzahl der Mitarbeiter: 4–10

Gebäudedaten

Grundstücksgröße: 359 m²
Wohnfläche: 240 m²
Zusätzliche Nutzfläche: 37 m²
Anzahl der Bewohner: 5
Bauweise: Mischbau (Stahlbeton/Stahl, Fassade Holzrahmenelemente)
Baukosten je m² Wohn- und Nutzfläche: 1.451 Euro
Baukosten gesamt: 402.000 Euro
Heizwärmebedarf: 58,9 kWh/m²a
Primärenergiebedarf: 82,8 kWh/m²a
Fertigstellung: 2005

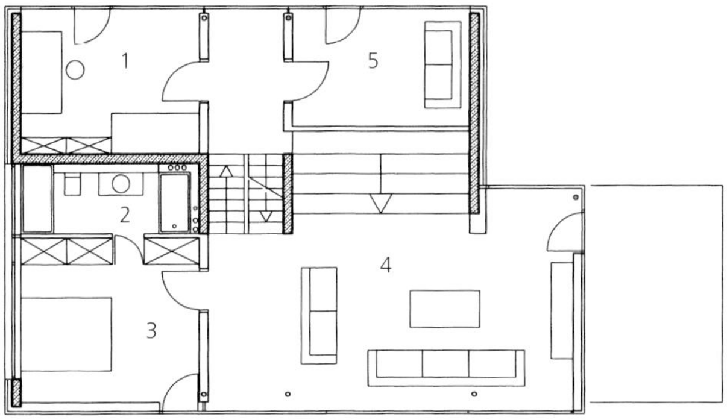

Obergeschoss
M 1:200

1 Kind
2 Bad
3 Eltern
4 Wohnen
5 Gast

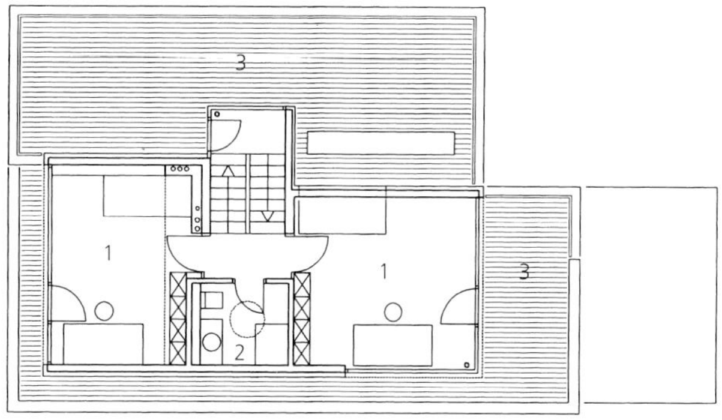

Dachgeschoss
M 1:200

1 Kind
2 Bad
3 Terrasse

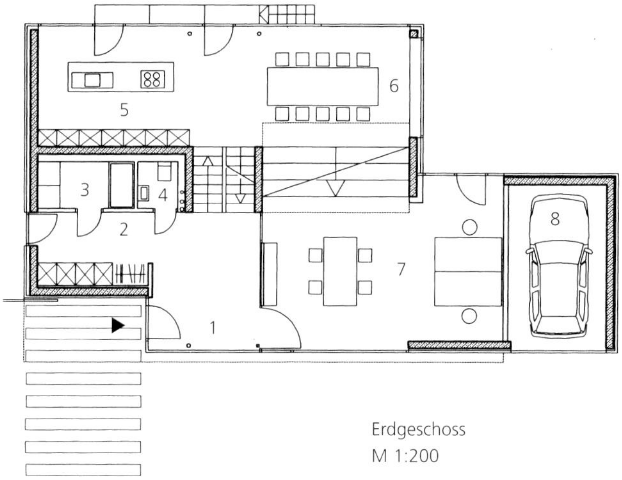

Erdgeschoss
M 1:200

1 Eingang
2 Garderobe
3 Waschraum
4 WC
5 Kochen
6 Essen
7 Arbeiten
8 Garage

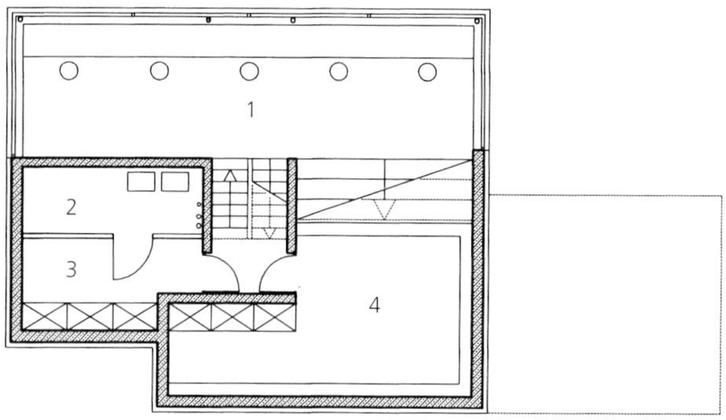

Untergeschoss
M 1:200

1 Arbeiten
2 Technik
3 Lager
4 Archiv

Schnitt
M 1:200

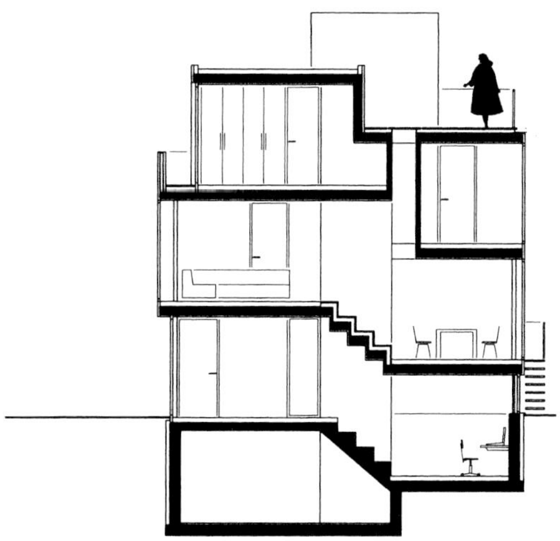

Anerkennung: **aboa aufbauostarchitekten, Zwickau**

Einfamilienhaus in Zwickau

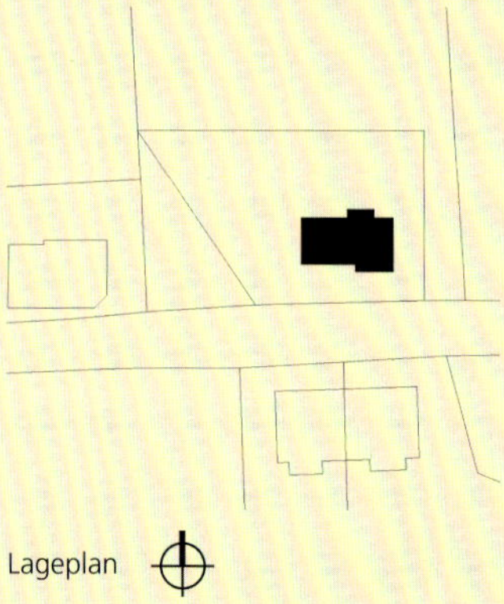

Lageplan

Plastisches Gestalten

Als strahlend weißer Solitär behauptet sich dieses Haus inmitten eines gewachsenen Wohngebiets im sächsischen Zwickau. Umgeben wird es an drei Seiten von Mehrfamilienhäusern älteren Datums und unterschiedlichster architektonischer Qualität. Im Norden geht das Grundstück in eine freie Wiese über. Selbstbewusst und eigenständig präsentiert sich der Neubau, der deutlich auf Kontraste zu seiner Nachbarschaft setzt und damit ganz dem Wunsch der Bauherren nach einem modernen, unkonventionellen Haus entspricht.

Auch was das Raumprogramm betraf, hatte das Paar konkrete Vorstellungen, aus denen die Architekten eine maßgeschneiderte Hülle entwarfen: Das Haus sollte sich von der Straße abgewandt ganz zum Garten orientieren. Im Innern wünschten sich die Bauherren einen hellen, geräumigen Wohnbereich mit offener Küche und einem großen Esstisch als kommunikativem Mittelpunkt. Viel Wert legten sie auch auf einen separaten Schlafbereich im Obergeschoss mit integriertem Bad und Ankleide. Nebenräume sollten zugunsten der Nutzfläche auf ein Minimum reduziert werden.

Über einen Windfang mit Garderobe betritt man das Erdgeschoss. Der anschließende offene Wohn-, Koch- und Essbereich wird nur durch die Höhensprünge im Fußboden und die von den Architekten selbst entworfenen Einbaumöbel zoniert. Ein Luftraum über dem Essplatz verbindet den öffentlicheren Erdgeschossbereich mit der privateren Zone im Obergeschoss, in der sich Schlafräume, Arbeitszimmer und Bäder befinden. Warme Materialien und Farbtöne für Fußböden und Möbel sowie ein eigens entworfenes Lichtkonzept setzen optisch ein Gegengewicht zur kühlen, sachlich-strengen Architektur und sorgen für eine angenehme Wohnatmosphäre.

Die äußere Form des Gebäudes leitet sich konsequent aus der Grundrissorganisation ab. Aus der Entwicklung des Innenbereichs heraus entstanden in den Fassaden Versprünge unterschiedlicher Raummodule, die gleichzeitig als Überdachungen und Balkone dienen. Um diese relativ großen Auskragungen zu realisieren, wurde das Haus auf Grundlage von 3D-Modellen des Statikers komplett in Stahlbeton gegossen. Die Außenhaut ist mit einem Wärmedämmverbundsystem und einem mehrfach gespachtelten Putz versehen. Bei der Ausstattung der Innenräume wurde darauf geachtet, hochwertige, aber dennoch erschwingliche Materialien einzusetzen. Nicht zuletzt durch detaillierte Ausschreibungen und Einzelvergabe der Handwerkerleistungen gelang es den Architekten, unterm Strich ein gutes Preis-Leistungs-Verhältnis zu erzielen.

Unterschiedlich tiefe Vor- und Rücksprünge in der Fassade modellieren den kubischen Baukörper, der mit seinen zu Bändern zusammengefassten Fenstern Erinnerungen an die Bauhaus-Architektur weckt.

Auch auf der Gartenseite zeigt sich das Haus als plastisch gestaltetes Raumvolumen, das sich über einen kleinen Balkon im Obergeschoss mit dem Außenraum verzahnt.

▌Der Raumeindruck im Erdgeschoss wird ganz von dem langen, dunkel gebeizten Esstisch bestimmt, der nahtlos in die Küchenarbeitsfläche übergeht.

▌Ein filigranes Edelstahlgeländer trennt die Arbeitsgalerie im Obergeschoss vom Luftraum. Der Textilboden sorgt für eine warme Wohnatmosphäre.

▌Die Holzstufen sind einseitig in die Wand eingespannt und verleihen dadurch dem Treppenlauf große Transparenz.

Büroprofil

aboa aufbauostarchitekten
Peter-Breuer-Straße 27
D-08056 Zwickau
www.aufbauostarchitekten.de
Projektmitarbeit: M. Teichmann
Studienort:
Carsten Brunner/
Michael Uhlig:
BTU Cottbus/WHZ Zwickau
Bürogründung: 2004
Anzahl der Mitarbeiter:
freie Mitarbeiter, projektabhängig

Gebäudedaten

Grundstücksgröße: 1.100 m²
Wohnfläche: 164 m²
Zusätzliche Nutzfläche: 18 m²
Anzahl der Bewohner: 2–3
Bauweise: Massivbau (Stahlbeton)
Baukosten je m² Wohn- und Nutzfläche: unter 1.500 Euro
Baukosten gesamt: keine Angaben
Heizwärmebedarf: 61,7 kWh/m²a
Primärenergiebedarf: 95,8 kWh/m²a
Fertigstellung: 2004

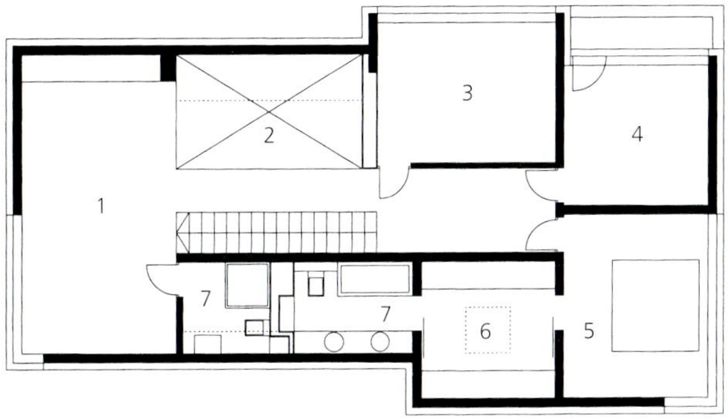

Obergeschoss
M 1:200

1 Arbeiten
2 Luftraum
3 Kind
4 Kind, Gäste
5 Schlafen
6 Ankleide
7 Bad

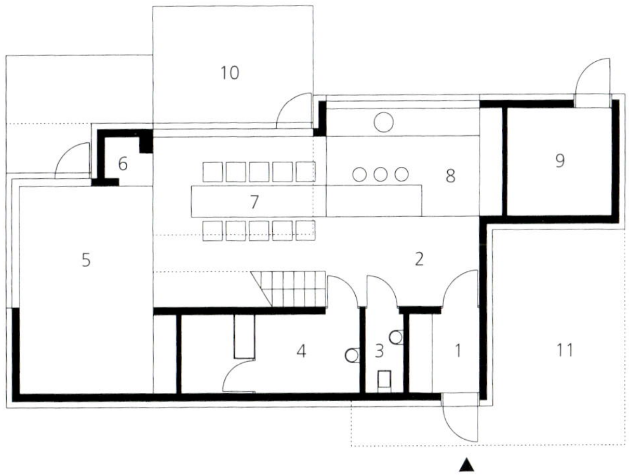

Erdgeschoss
M 1:200

1 Windfang
2 Eingangsbereich
3 WC
4 Vorräte, Abstellraum
5 Wohnen
6 Kamin
7 Essen
8 Kochen
9 Abstellraum
10 Terasse
11 Autostellplatz

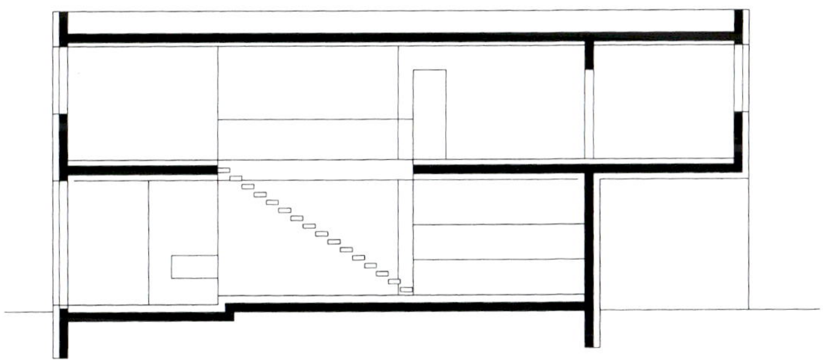

Schnitt
M 1:200

Das Bad ist raumhoch mit kleinteiligem Mosaik ausgekleidet und wird durch ein Fensterband von oben belichtet.

Einfamilienhaus in Mühltal

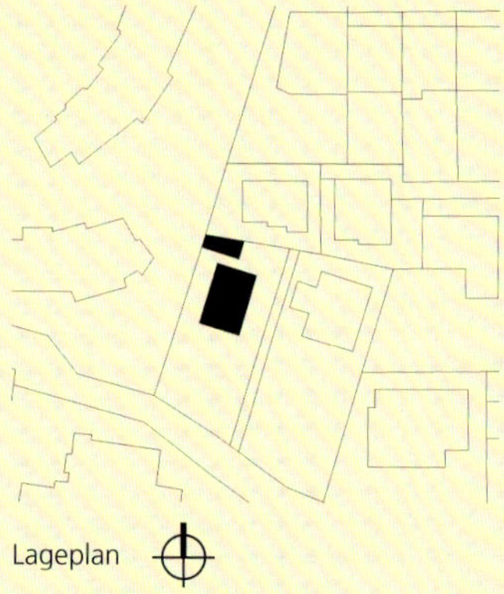

Lageplan

Schicht für Schicht

Von Weitem betrachtet, wirkt die Fassade dieses Hauses zunächst flächig, bei näherem Hinsehen erkennt man die feine Textur: Die vorgefertigte Holzrahmenkonstruktion ist mit einer Schalung aus naturbelassenen Lärchenleisten bekleidet – wobei die Schalbretter jedoch unterschiedlich hoch sind. Durch deren geschichtete, unregelmäßige Anordnung und die versetzt liegenden Querstöße erhält der schlichte Kubus, zusammen mit den exakt auf Gehrung gearbeiteten Gebäudekanten, ein abwechslungsreiches und zugleich ungewohntes Aussehen.

Der kompakte Bau, der auf einem von Süden erschlossenen Grundstück entstand, versucht die ungünstige Situation zu kompensieren, indem er dicht an den nordöstlichen Rand rückt, sodass sich der Garten ganz zur Sonne orientiert. Aus Kostengründen verzichteten die Bauherren auf eine Unterkellerung. Ein Abstellraum – der in gleicher Bauweise errichtet wurde – steht an der Grundstücksgrenze neben dem Wohngebäude und bildet zusammen mit ihm ein kleines Ensemble. Nach außen hin ist das Haus als homogener Baukörper mit einheitlichen Öffnungen gestaltet, der lediglich durch zwei Vordächer – eines über der Terrasse, eines über dem Eingang – akzentuiert wird. Diese Auskragungen dienen nicht nur als Sonnen- und Witterungsschutz, sondern sind zudem als Leuchtelemente konzipiert.

Man betritt das Haus über eine Diele an der Westseite. Das Erdgeschoss wird ganz von dem zusammenhängenden Wohn-, Ess- und Kochbereich eingenommen. Dabei wird der offene Raum optisch in zwei unterschiedliche Bereiche differenziert: Während auf der Ostseite die Deckenbalken sichtbar bleiben, sind in der westlichen Gebäudehälfte sämtliche Flächen mit Gipskarton weiß verkleidet. Nur der Bodenbelag aus grauem Fließmörtel läuft konsequent weiter.

Das Entwurfskonzept, das in enger Kooperation mit der Bauherrin entstand, die selbst Architektin ist, sieht im Obergeschoss eine flexible Aufteilung vor: Hier befinden sich vier etwa gleich große Räume, die durch jeweils mittig an den Seiten angeordnete Elemente – Bäder, Treppe und Schrankwände – schaltbar sind. Die beiden nördlichen Räume sind zurzeit noch zusammengefasst, können jedoch später bei Bedarf, beispielsweise für ein zweites Kind, durch den Einbau eines weiteren Bades getrennt und zu separaten Zimmern ausgebaut werden. Deckenhohe, nach außen öffenbare Fenster mit transparenten Brüstungen, deren Rahmen bündig in die Fassade eingelassen sind, lassen auch in dieser Ebene einen großzügigen Raumeindruck entstehen.

▌Die raumhohen, nach außen zu öffnenden Fenstertüren mit transparenten Brüstungen sind alle im gleichen Format. Die Laibungen mit umlaufenden Rahmen aus Faserzementplatten wurden bündig in die Fassade gesetzt.

▌Eine Schalung aus unterschiedlich hohen, versetzt angeordneten Lärchenholzleisten gibt dem schlichten kubischen Bau sein unverwechselbares Aussehen.

▌Für erhellende Momente sorgt das weit auskragende Vordach über der Terrasse: Es dient nicht nur als Sonnen- und Witterungsschutz, sondern ist auch als Leuchtelement konzipiert.

▌Wenige Materialien und Farben bestimmen den puristisch gehaltenen Innenraum: weiß gestrichene Gipskartonoberflächen, hellgrauer Bodenbelag aus Fließmörtel und Treppenstufen aus Eichenholz.

▌Im offenen Wohnraum ist die Holzkonstruktion teilweise sichtbar belassen – durch diesen Materialwechsel in der Deckenansicht wird der Raum optisch in zwei Bereiche gegliedert.

Büroprofil

liquid architekten
+ christiane treiber
Platz der Deutschen Einheit 21
D-64293 Darmstadt
www.clickliquid.de
Im Projektteam:
Cordula Schütz

Studienort:
Werner Schulz/Kerstin Schultz/
Christiane Treiber:
TU Darmstadt
Bürogründung:
1997 (liquid architekten),
Projektpartnerschaft
mit Christiane Treiber beim
„Haus in Mühltal"
Anzahl der Mitarbeiter: 2

Gebäudedaten

Grundstücksgröße: 500 m²
Wohnfläche: 138,3 m²
Anzahl der Bewohner: 3
Bauweise: Holzrahmenbau
Baukosten je m² Wohnfläche:
1.410 Euro
Baukosten gesamt:
194.988 Euro

Heizwärmebedarf:
59,8 kWh/m²a
Primärenergiebedarf:
100,7 kWh/m²a
Fertigstellung: 2004

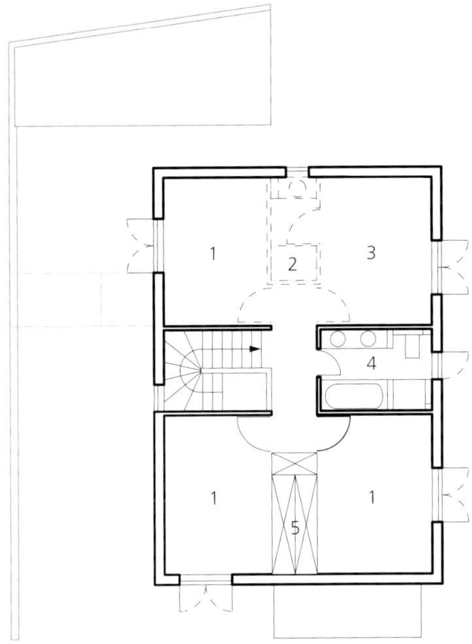

Obergeschoss
M 1:200

1 Zimmer
2 eventuelles Elternbad
3 zusätzliches Zimmer (abteilbar)
4 Bad
5 Einbauschrank

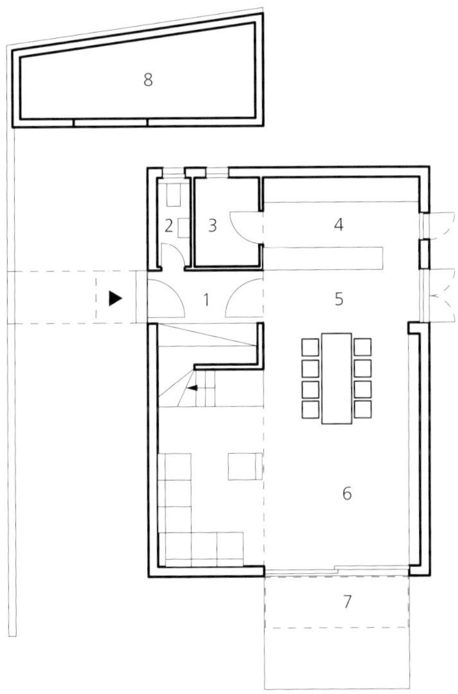

Erdgeschoss
M 1:200

1 Windfang, Garderobe
2 WC
3 Hauswirtschaft
4 Küche
5 Essen
6 Wohnen
7 Terrasse
8 Schuppen

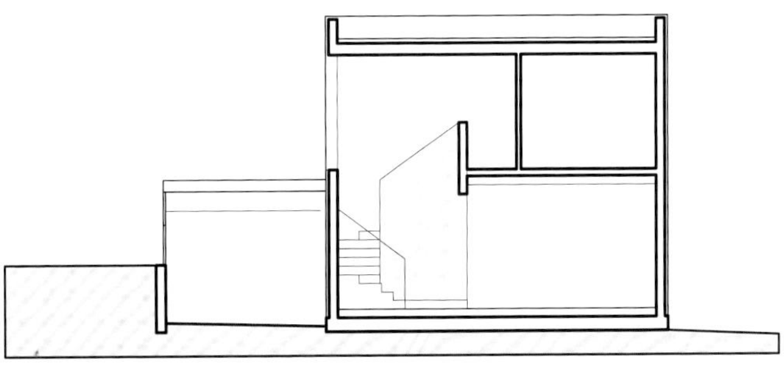

Schnitt
M 1:200

Einfamilienhaus in Heilbronn

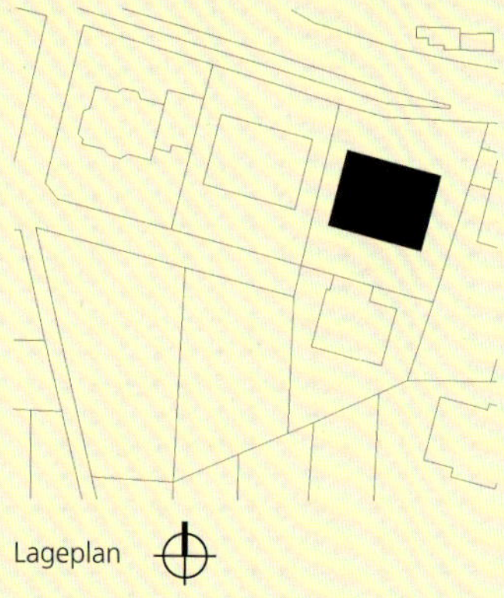

Lageplan

Planung mit Weitblick

In einem neu erschlossenen Baugebiet am Hang mit Ausblick nach Süden ins Rampacher Tal von Heilbronn konzipierte Architekt Matthias Müller ein Gebäudeensemble aus insgesamt drei Wohnhäusern. Zwar sieht man diesen Häusern das einheitliche städtebauliche Konzept und die Planung aus einer Hand durchaus an – und doch steht jedes Gebäude für sich allein: Sowohl in Materialwahl als auch Grundrissorganisation unterscheiden sie sich deutlich voneinander. Der Neubau liegt an der nordöstlichen Ecke dieser kleinen Häusergruppe und wird direkt von der Hauptstraße erschlossen. Während er auf der Straßenseite nur eingeschossig in Erscheinung tritt, staffelt er sich im Süden über zwei Ebenen den Hang hinunter.

Ein von der Straße zurückgesetzter Eingangsbereich, der Garagenzufahrt und Hauszugang zusammenfasst und mit vorpatiniertem Kupfer bekleidet ist, empfängt den Besucher. Von hier aus gelangt man in einen zusammenhängenden Wohn-, Ess- und Kochraum, der die gesamte Gebäudebreite einnimmt und sich mit deckenhohen Glasfronten zum Tal hin öffnet. In dieser Ebene ist auch der separate Elternbereich mit Bad und Ankleide untergebracht. Dies hat einen durchaus praktischen Hintergrund: Da dieses Geschoss ebenerdig zugänglich und im Inneren barrierefrei angelegt ist, können die Bauherren es auch im Alter gut bewohnen.

Das Wohnhaus bietet nicht nur großzügige Raumaufteilungen, sondern zugleich auch vielfältige Rückzugsmöglichkeiten: Die Kinderebene, die ein Geschoss tiefer liegt, ist mit zwei Zimmern und einem eigenen Bad ausgestattet und könnte somit später beispielsweise zu einem separaten Apartment umfunktioniert werden. Auch im Untergeschoss öffnen sich die Räume über großflächige Metall-Glas-Fassaden nach draußen. Blockartige Sitzstufen vergrößern die Terrassenfläche, die in ein lang gestrecktes Wasserbecken mit Cortenstahleinfassung übergeht.

Die Außenwände des kubischen Baus wurden in Mauerziegel mit einem Dämmkern aus mineralischem Perlite ausgeführt. Das Erdgeschoss erhielt eine Putzfassade und hebt sich damit deutlich von der darunter liegenden Ebene ab, die mit Natursteinplatten aus Muschelkalk verkleidet ist. Aus Kostengründen achteten die Architekten auf einfache, schlichte Details. Die kompakte Bauform, zusammen mit hochwertiger Dämmung und extensiver Begrünung des Daches, trägt zu einer konstanten Raumtemperatur bei. Dies senkt nicht nur die Energiekosten, sondern sorgt zudem auch im Sommer für erfrischende Kühlung.

Planung aus einer Hand: Das Wohnhaus (Mitte) ist Teil eines neu entstandenen Häuser-ensembles am Hang.

Die Wohnebene kragt über dem Untergeschoss aus und hebt sich mit ihrer hellen Putzfassade deutlich von dem mit Naturstein verkleideten Sockel ab.

Das Grundstück fällt von der höher liegenden Erschließungsstraße nach Süden ab. Im Gegensatz zur transparenten Gartenfront durchbrechen an der Ostseite nur wenige schmale Öffnungen die Fassade.

Dunkler Schieferboden und helle Wände bestimmen den Raumeindruck im Wohnbereich. Die deckenhohe Metall-Glas-Fassade gibt den Blick nach draußen frei.

Die Loggia vor dem Wohnraum erstreckt sich über die gesamte Hausbreite und orientiert sich zur Aussicht.

Eine frei stehende rote Wand trennt den Arbeitsbereich der Küche optisch vom Essplatz ab und setzt zugleich einen kräftigen Farbakzent.

Büroprofil

müller architekten
Wilhelmstraße 5a
D-74072 Heilbronn
www.architekten-online.com
Projektmitarbeit:
Heike Wirth, Architektin Dipl.-Ing. (FH), Florian Zimmermann

Studienort:
Matthias Müller,
Freier Architekt BDA:
FHT Stuttgart
Bürogründung: 1989
Anzahl der Mitarbeiter: 8

Gebäudedaten

Grundstücksgröße: 689 m²
Wohnfläche: 276 m²
Zusätzliche Nutzfläche: 36 m²
Anzahl der Bewohner: 4
Bauweise: Massivbau (Planziegel)
Baukosten je m² Wohn- und Nutzfläche: 1.349 Euro
Baukosten gesamt: 421.000 Euro
Heizwärmebedarf: 64,8 kWh/m²a
Primärenergiebedarf: 106,2 kWh/m²a
Fertigstellung: 2004

Erdgeschoss
M 1:200

1 Flur, Garderobe
2 WC
3 Bad
4 Ankleide
5 Schlafen
6 Hauswirtschaft
7 Kochen
8 Essen
9 Wohnen
10 Terrasse
11 Garage
12 Abstellraum

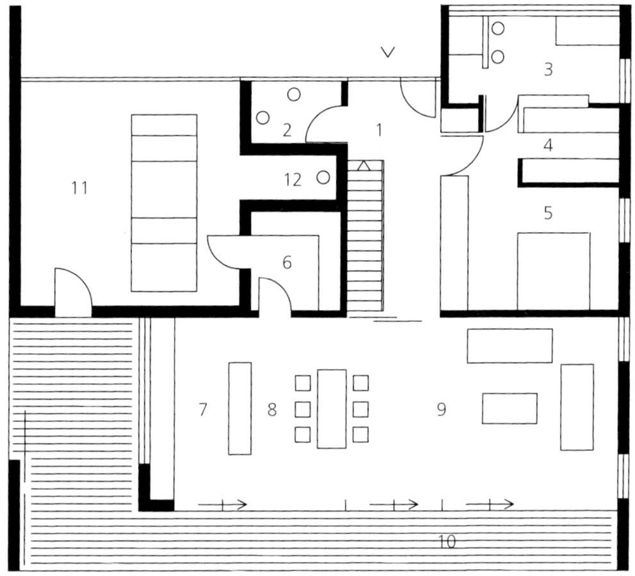

Untergeschoss
M 1:200

1 Flur
2 Bad
3 Sauna
4 Ankleide
5 Zimmer
6 Hauswirtschaft
7 Technik
8 Abstellraum
9 Terrasse
10 Wasserbecken

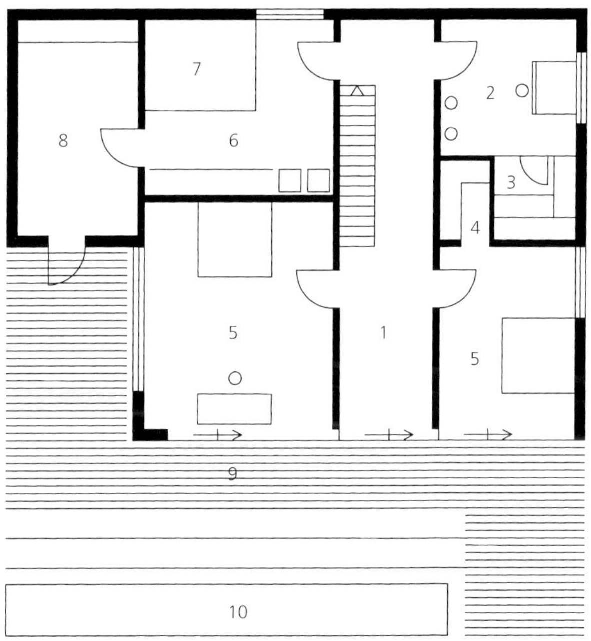

Schnitt
M 1:200

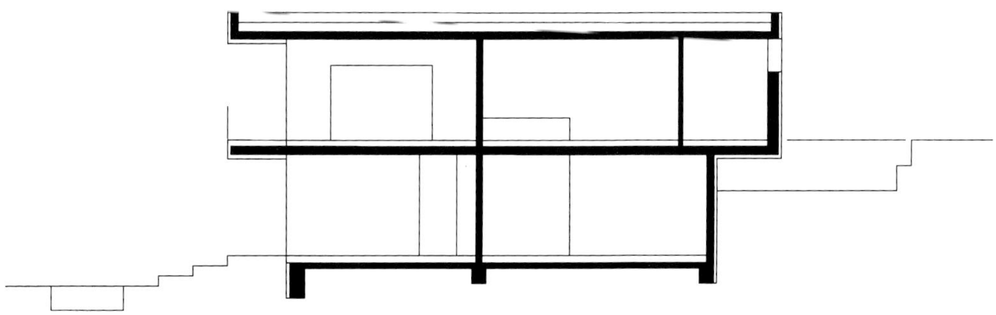

Einfamilienhaus in Heilbronn

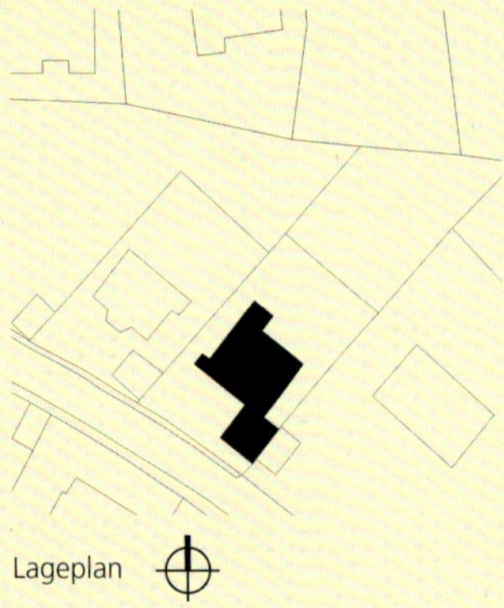

Mit Hang zur Sonne

Zunächst ging es nur darum, ein altes, baufälliges Wohnhaus aus dem Jahr 1928 zu renovieren und neu zu organisieren, um es den Erfordernissen und Raumansprüchen einer Familie anzupassen. Als sich im Lauf der Entwurfsphase jedoch herausstellte, dass der Umbau nahezu ebenso teuer werden würde wie ein kompletter Neubau, fiel den Bauherren die Entscheidung für den Abriss des alten Hauses nicht schwer: Auf dem nach Süden abfallenden Hanggrundstück mit Blick auf die Stadt Heilbronn entstand ein völlig neues, viergeschossiges Wohngebäude.

In der untersten Ebene, auf Straßenniveau, befindet sich eine Doppelgarage, die über einen internen Flur an das Wohnhaus angebunden ist. Zum eigentlichen Hauptzugang, der eine Ebene höher liegt, gelangt man über eine außen liegende breite Sichtbetontreppe. Diese Ebene bildet den Sockel des Gebäudes und ist optisch vom darüber liegenden Putz-Baukörper deutlich getrennt.

Vom Empfangsflur wird der Besucher nach oben geleitet, in den Wohnbereich, der zusammen mit Küche und Essplatz als zusammenhängendes Raumvolumen konzipiert ist, das sich über die ganze Haustiefe erstreckt. Die Ausblicke ins Tal werden gezielt ins Blickfeld gerückt: Deckenhohe Metall-Glas-Fassaden öffnen die Räume nach draußen auf die angrenzende Loggia. Im obersten Geschoss liegt der private Rückzugsbereich der Eltern und Kinder mit jeweils separaten Bädern. Im Gegensatz zur Öffnung des Hauses nach Süden mit einer markanten Balkonumfassung in schwarzem Sichtbeton sind die übrigen Gebäudefronten relativ geschlossen und werden nur durch die vorgelagerten Kastenfenster akzentuiert. Auf der straßenabgewandten Nordseite sahen die Architekten im Winkel zwischen Wohnraum und Küche einen blickgeschützten Grünbereich mit Terrasse vor.

Der Massivbau wurde im Wärmedämmverbundsystem mit Putzfassade und Gründach ausgeführt. Über die Glasflächen an der Südseite werden natürliche Solargewinne erzielt, Innenwände dienen als Speicherflächen im Sommer und Winter. Einfache Details und die Verwendung weniger Materialien ergänzen das schlüssige Konzept: Die Kastenfenster beispielsweise sind alle im gleichen Format, die Treppen wurden als Stahlbetonfertigteile eingebaut, die Bäder sind mit einem Epoxidharzanstrich anstelle von Fliesen versehen. Alles in allem achteten die Planer jedoch darauf, qualitativ hochwertige Baustoffe zu verwenden, um im Hinblick auf den Bauunterhalt auch langfristig ein ökonomisches Ergebnis zu erzielen.

▌Der hell verputzte Baukörper öffnet sich mit raumhohen Glasfronten zur Aussicht. Die Balkonumfassung aus schwarzem Sichtbeton verleiht ihm ein markantes Aussehen.

▮ Auf der straßenabgewandten Nordseite entsteht ein geschützter Freibereich im Winkel zwischen Küche und Wohnraum. Kastenfenster akzentuieren die sonst glatte Front.

▮ Ein Betonbügel fasst Eingangsbereich und Garage optisch zusammen. Nahezu grafisch-abstrakt wirkt das Fassadenbild bei heruntergelassenen Sonnensegeln.

▮ Der offene Wohnbereich erstreckt sich als zusammenhängendes Raumvolumen über die gesamte Breite des Hauses. Deckenhohe, breite Flügeltüren trennen ihn vom Treppenhaus.

▮ Die Loggia erweitert den Wohnraum nach draußen. Die Verlegerichtung des Parkettbodens wird auch im Freien mit einem längs verlaufenden Holzlattenrost fortgeführt.

Büroprofil

müller architekten
Wilhelmstraße 5a
D-74072 Heilbronn
www.architekten-online.com
Projektmitarbeit:
Heike Wirth, Architektin
Dipl.-Ing. (FH)
Studienort: Matthias Müller,
Freier Architekt BDA:
FHT Stuttgart
Bürogründung: 1989
Anzahl der Mitarbeiter: 8

Gebäudedaten

Grundstücksgröße: 680 m²
Wohnfläche: 288 m²
Zusätzliche Nutzfläche: 81 m²
Anzahl der Bewohner: 4
Bauweise: Massivbau
Baukosten je m² Wohn- und Nutzfläche: 1.220 Euro
Baukosten gesamt: 450.000 Euro
Heizwärmebedarf: 67 kWh/m²a
Primärenergiebedarf: 107,9 kWh/m²a
Fertigstellung: 2004

Wenige Farben und Materialien bestimmen das puristisch gehaltene Interieur. Eine Glasbrüstung zum Treppenraum sorgt für Transparenz.

Die Küche wird von beiden Seiten belichtet und hat einen direkten Ausgang auf die Gartenterrasse an der Nordseite.

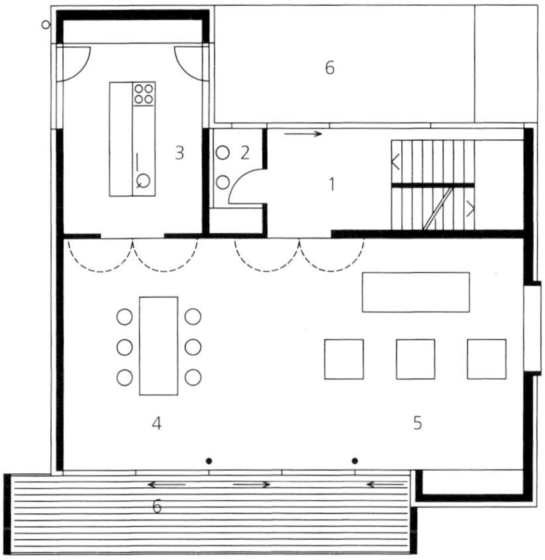

Erdgeschoss
M 1:200

1 Flur
2 WC
3 Kochen
4 Essen
5 Wohnen
6 Terrasse

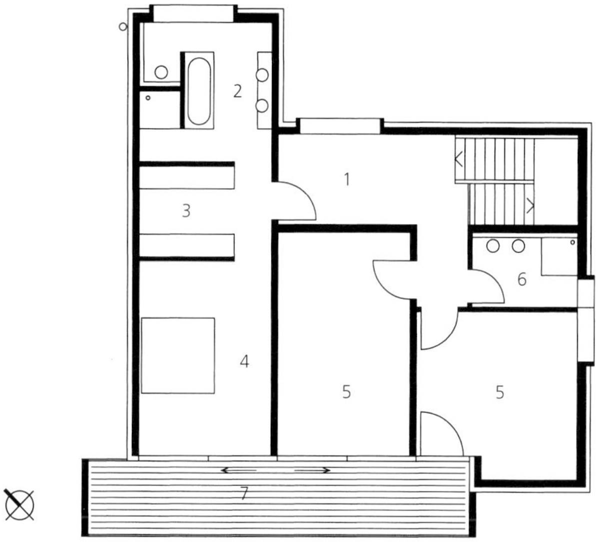

Obergeschoss
M 1:200

1 Flur
2 Bad
3 Ankleide
4 Schlafen
5 Zimmer
6 Dusche, WC
7 Terrasse

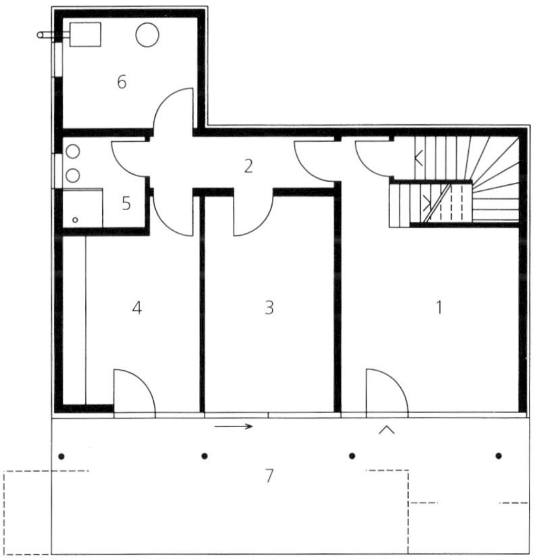

1. Untergeschoss
M 1:200

1 Empfang
2 Flur
3 Zimmer
4 Hauswirtschaft
5 Dusche, WC
6 Heizung, Technik
7 Terrasse

Schnitt
M 1:200

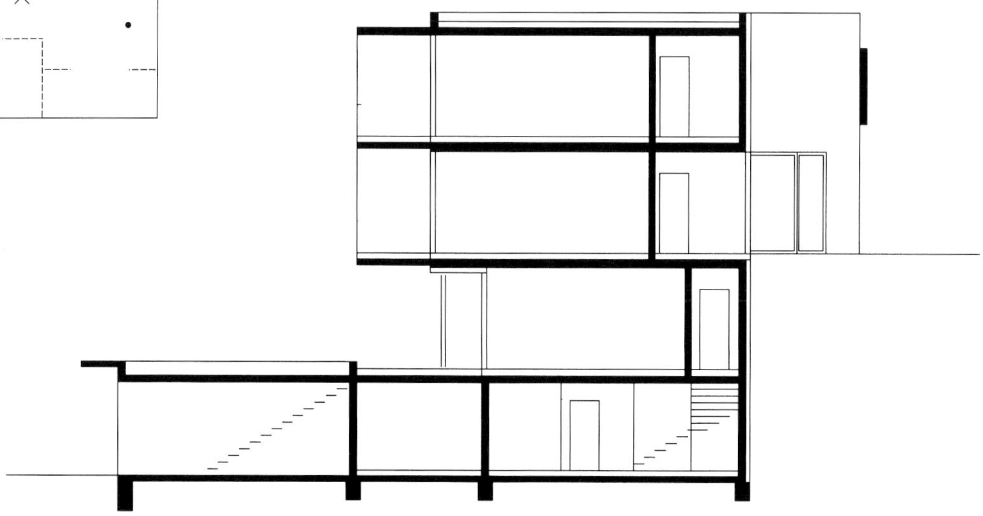

Anerkennung: **Barth-Architekten, Esslingen**

I Einfamilienhaus in Esslingen

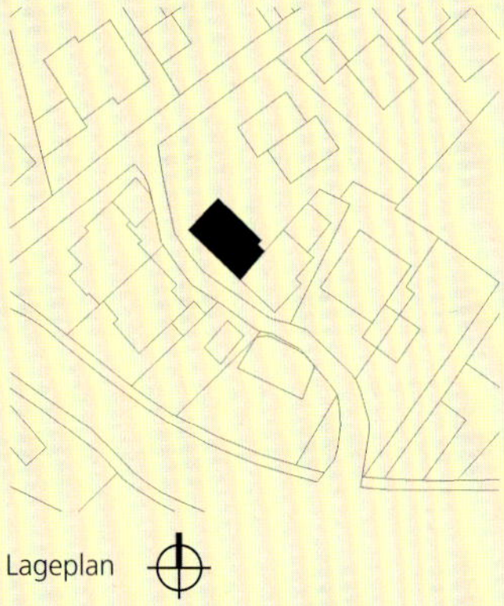

Lageplan

Klein aber fein

Viel Raum auf wenig Fläche mussten die Architekten bei diesem Haus im Esslinger Stadtteil Liebersbronn herausholen. Das Grundstück in einem Wohngebiet aus den 1960er Jahren war im Zuge der städtebaulichen Nachverdichtung bereits mit einem Doppelhaus bebaut worden. Dennoch bot es Platz für ein weiteres Gebäude: auf einem kleinen Areal, das von der Ortsverbindungsstraße abgerückt in zweiter Reihe liegt. Mit einem eingeschossigen Verbindungstrakt, in dem sich der Zugang befindet, dockt der Neubau an seinen Nachbarn an.

Das Wohnhaus konzipierten die Architekten als einfachen, schlichten Satteldachbaukörper, ohne Überstand und Dachaufbauten. Mit dieser formalen Reduktion auf das Wesentliche sollte ein optisch angenehmes und unauffälliges Gebäude entstehen, das sich harmonisch in seine Umgebung einfügt. Auch der anthrazitfarbene Außenputz und die schiefergrauen Metallfenster tragen zu diesem zurückhaltenden Erscheinungsbild bei. Das Flachdach des Erschließungsbaus wurde extensiv begrünt, das Satteldach des Haupthauses erhielt eine Deckung aus vorbewittertem Titanzink.

Der Grundriss ist klar und einfach gegliedert: Das Erdgeschoss ist als zusammenhängendes Raumvolumen konzipiert, Küche, Essplatz und Wohnbereich gehen ineinander über und öffnen sich im Nordwesten über eine breite Glasfront auf die vorgelagerte Terrasse. Eine über alle drei Stockwerke reichende Galerie, die sich bis unters Dach erstreckt, sorgt im Innern für Transparenz und Großzügigkeit und ermöglicht vielfältige Blickbeziehungen. Eine filigrane Wendeltreppe aus Edelstahl führt vom Wohnbereich in die darüber liegende Ebene mit zwei Schlafräumen, Ankleidebereich und Bad. Das ausgebaute Dachgeschoss bietet Platz für einen weiteren großzügigen Raum auf der Nordwestseite sowie eine separate Nasszelle. Auch von hier aus hat man durch den Luftraum der Galerie Sichtkontakt bis in die unterste Ebene.

Bei der Gestaltung der Innenräume beschränkten sich die Architekten auf wenige Materialien und den Farbkontrast Hell-Dunkel: Durchgängig kam Holzboden aus Wenge zum Einsatz – auch in den Bädern. Wände und Decken erhielten einen weißen Glattanstrich, alle Türelemente sind raumhoch und glänzend weiß lackiert. Die Wände in den Bädern wurden nicht gefliest, sondern vom Maler mit einer Kalkpresstechnik behandelt. Im Dachgeschoss ist die Heizung des Niedrigenergiehauses in einen Wandschrank integriert, sodass auf diese Weise ein langer Kamin entfallen konnte.

▌Auffallend unauffällig fügt sich der Neubau in das gewachsene Wohngebiet ein. Durch geschickte Positionierung auf dem kleinen Grundstück bleibt noch Platz für eine großzügige Terrasse.

Mit einem eingeschossigen Zwischenbau dockt das Haus unmittelbar an das Nachbargebäude an. Die dunkle Putzfassade, die schiefergrauen Metallfenster und das Titanzinkdach tragen zum zurückhaltenden Erscheinungsbild bei.

Eingangsbereich und Erschließungsflur im Erdgeschoss gehen direkt in den offenen Wohn-, Koch- und Essraum über. Der Kontrast von dunklem Wenge-Parkettboden und durchgängig weißen Wänden bestimmt den Raumeindruck.

Ein besonderer Blickfang ist die Wendeltreppe aus Edelstahl, die über zwei Ebenen reicht.

Im Dachgeschoss wird der dunkle Holzboden auch im Bad weitergeführt. Nur eine Glaswand trennt den Nassbereich vom Flur.

Durch den Luftraum neben der Treppe sind Blickbeziehungen über alle drei Ebenen möglich.

Büroprofil

Barth-Architekten
Neue Straße 27
D-73732 Esslingen
www.barth-architekten.com
Projektmitarbeit:
Nicolaus Barth,
Monika Schmeling
Studienort: Werner Barth, Freier Architekt BDA: Hochschule für Technik, Stuttgart
Bürogründung: 1976
Anzahl der Mitarbeiter: 8

Gebäudedaten

Grundstücksgröße: 239 m²
Wohnfläche: 158 m²
Zusätzliche Nutzfläche: 57 m²
Anzahl der Bewohner: 2
Bauweise: Massivbau
Baukosten je m² Wohn- und Nutzfläche: 1.410 Euro
Baukosten gesamt: 303.150 Euro
Heizwärmebedarf: 66,3 kWh/m²a
Primärenergiebedarf: 108,4 kWh/m²a
Fertigstellung: 2002

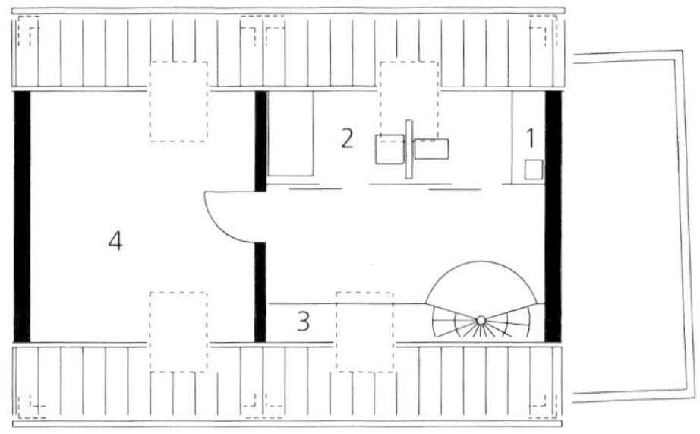

Dachgeschoss
M 1:200

1 Heizung
2 Bad
3 Luftraum
4 Zimmer

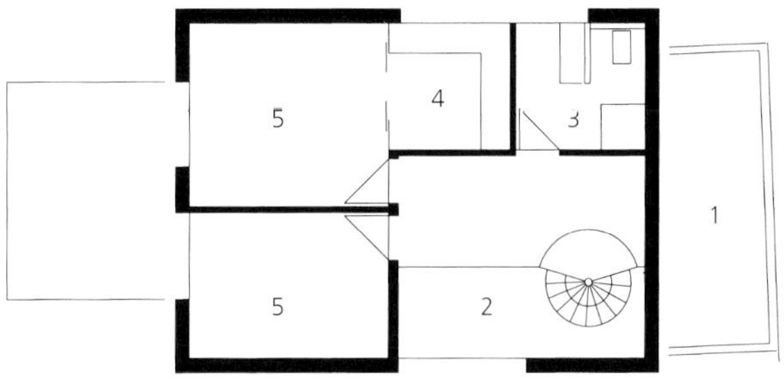

Obergeschoss
M 1:200

1 Flachdach, extensiv begrunt
2 Luftraum
3 Bad
4 Ankleide
5 Zimmer

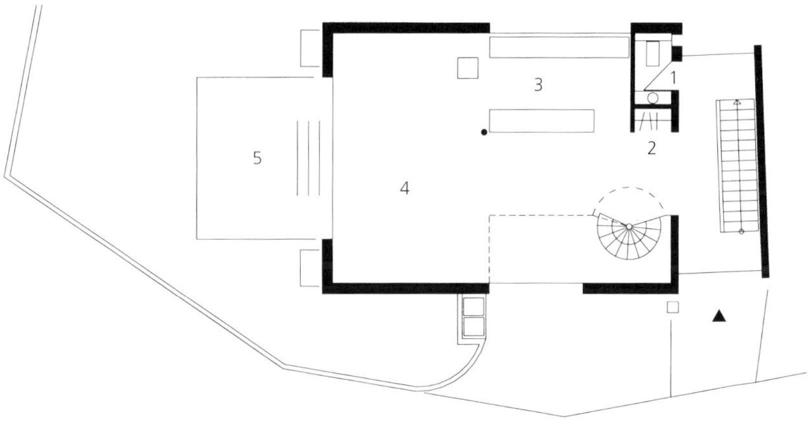

Erdgeschoss
M 1:200

1 WC
2 Garderobe
3 Kochen
4 Wohnen, Essen
5 Terrasse

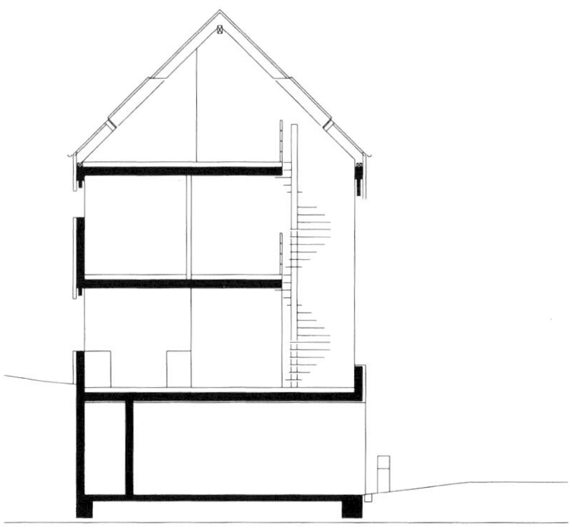

Schnitt
M 1:200

I Zweipersonenhaus in Asselfingen

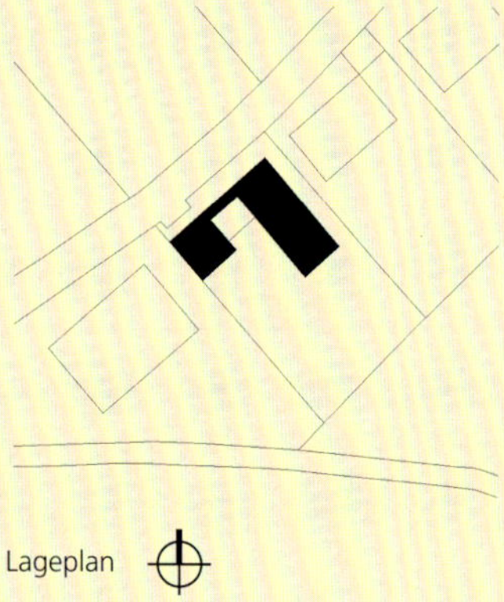

Lageplan

Arbeitsplatz mit Ausblick

Wohnen und Arbeiten unter einem Dach – diese Vorstellung wollte sich das junge Paar mit seinem neuen Domizil verwirklichen. Als Standort für die Realisierung ihres Projekts hatten sich die Bauherren den kleinen ländlich geprägten Ort Asselfingen, unweit von Ulm, ausgewählt. Das Grundstück liegt am Rand des traditionellen Dorfes, es fällt nach Süden leicht ab und hat einen unverbaubaren Blick ins Donauried. Obwohl das neue Haus zwar mit dem Baustil vor Ort harmonieren sollte, legten die Bauherren viel Wert auf eine moderne, klare Architektursprache.

Die Aussicht wurde bei der Konzeption des Zweipersonenhauses zum zentralen Entwurfsthema: Es orientiert sich ganz zum Hang und schottet sich zum öffentlichen Raum, zur Erschließungsstraße hin deutlich ab – sowohl aus Gründen des Sicht- als auch des Lärmschutzes. In seiner Kubatur greift der frei stehende Satteldachbau eine traditionelle Hausform auf und passt sich der Architektur seiner Umgebung an. Die geschlossenen und teilweise großformatig geöffneten Fassadenflächen lassen jedoch ein ungewohntes, spannungsvolles Bild entstehen, dessen Wirkung durch den anthrazitfarbenen Anstrich des Außenputzes zusätzlich betont wird.

Ein eingeschossiger Vorbau, der sich zur Straße hin orientiert, fasst Garage und Hauseingang zu einer Einheit zusammen. Auf der hangzugewandten Seite entsteht auf diese Weise ein geschützter Freibereich mit einer kleinen Plattform als Aussichtsterrasse, von der aus man den herrlichen Blick ins Donauried genießen kann. Schmale Fenster und Sehschlitze inszenieren den lang gezogenen Eingangsbereich und erlauben nicht nur Einblicke ins Gebäude, sondern auch Ausblicke auf die Landschaft im Süden.

Das Innere des Hauses ist geprägt von einem massiven, statisch konstruktiv wirkenden Kern aus gestocktem Beton, der beide Geschosse als räumliche Einheit erlebbar macht. In der Eingangsebene befinden sich im Anschluss an den Empfangsbereich Küche und Essplatz mit angrenzendem Freisitz. Die Arbeitsräume orientieren sich zum Garten hin. Eine lang gezogene Treppe, die dem natürlichen Geländeverlauf folgt und von einer offenen Galerie begleitet wird, führt ins Hanggeschoss mit den privateren Nutzungen wie Wohn- und Schlafbereich. Unterschiedliche Materialien und Oberflächen, die entsprechend der verschiedenen Funktionen der Räume mal hoch glänzend, mal matt, rau oder natürlich belassen sind, schaffen eine in sich stimmige, angenehme Wohn- und Arbeitsatmosphäre.

▮ Zur Straße hin schirmt sich das Haus mit einem eingeschossigen Vorbau ab, der Garage und Eingangsbereich zusammenfasst. Mit seiner hellen Putzfassade hebt er sich deutlich vom dahinter liegenden Wohntrakt ab.

▮ Auf der Gartenseite entsteht zwischen Wohnhaus und Garage ein sichtgeschützter Freisitz. Großformatige Fenster inszenieren den Blick in die Landschaft.

▮ In dem massiven Kern aus gestocktem Beton, der als Gestaltungselement in das Gebäude eingestellt ist, befindet sich auch die Küche.

▮ Blick in den offenen Wohnraum im Hanggeschoss, der über die Galerie und das Fensterband an der Nordwestfassade zusätzlich belichtet wird.

▮ Der lang gezogene Zugangsbereich wird von einer transparenten Wand aus Glaslamellen begleitet, die als Sicht- und Windschutz dient.

▮ Der Essplatz schließt unmittelbar an den Eingangsbereich an. Der Raumeindruck wird von dem Materialkontrast aus rohen Betonwänden, dunklem Granitboden und weiß lasierten Holzbalkendecken bestimmt.

Büroprofil

Biehler Weith Associated
Building Design Projects
Rosgartenstraße 10
D-78462 Konstanz
www.biehler-weith.de
Projektarchitekten: Christoph Biehler, Ralf Heinz Weith, Markus Doleschal
Studienort: Christoph Biehler/Ralf Heinz Weith: FH Konstanz; University of Central England, Birmingham
Bürogründung: 2001
Anzahl der Mitarbeiter: 1

Gebäudedaten

Grundstücksgröße: 822 m²
Wohnfläche: 153 m²
Zusätzliche Nutzfläche: 106 m²
Anzahl der Bewohner: 2
Bauweise: Massivbau
Baukosten je m² Wohn- und Nutzfläche: 1.158 Euro
Baukosten gesamt: 300.000 Euro
Heizwärmebedarf: 66,6 kWh/m²a
Primärenergiebedarf: 108,5 kWh/m²a
Fertigstellung: 2004

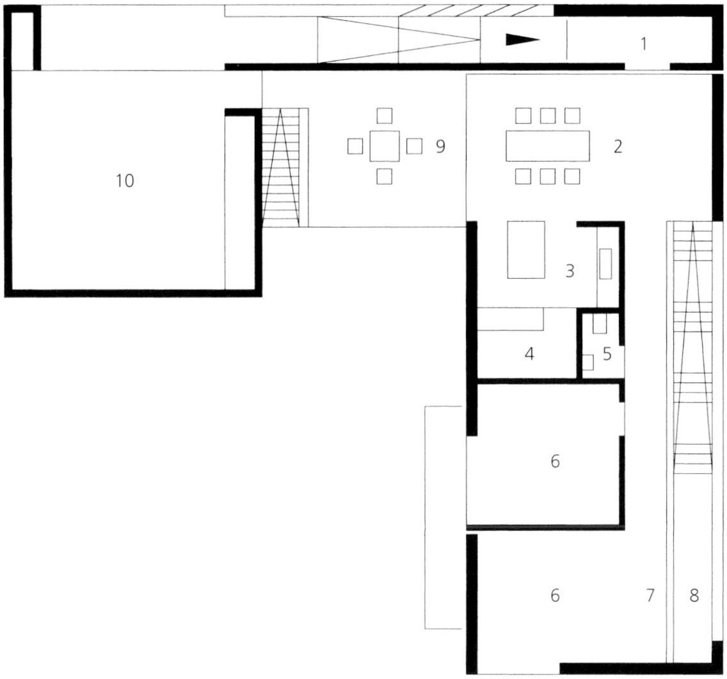

Erdgeschoss
M 1:200

1 Garderobe
2 Essen
3 Kochen
4 Vorräte
5 WC
6 Arbeiten
7 Galerie
8 Luftraum
9 Terrasse
10 Garage

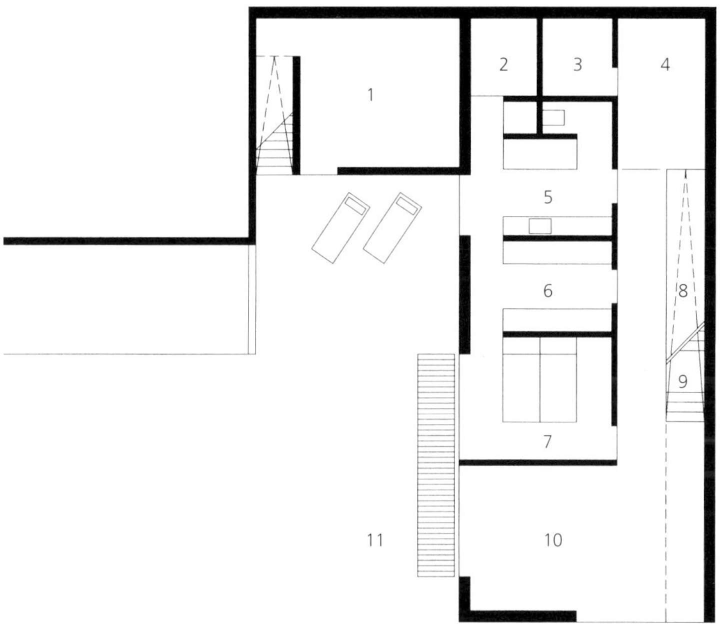

Hanggeschoss
M 1:200

1 Abstellraum, Geräte
2 Sauna
3 Hausanschlussraum
4 Waschraum, Werkstatt
5 Bad
6 Ankleide
7 Schlafen
8 Stauraum
9 Luftraum
10 Wohnen
11 Terrasse, Garten

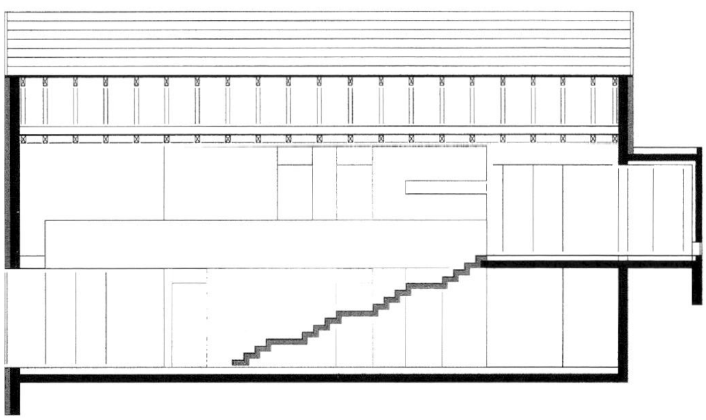

Schnitt
M 1:200

Anerkennung: **Architekten: Mühlich, Fink & Partner, Ulm**

I Wohnhaus mit Atelier in Sielenbach

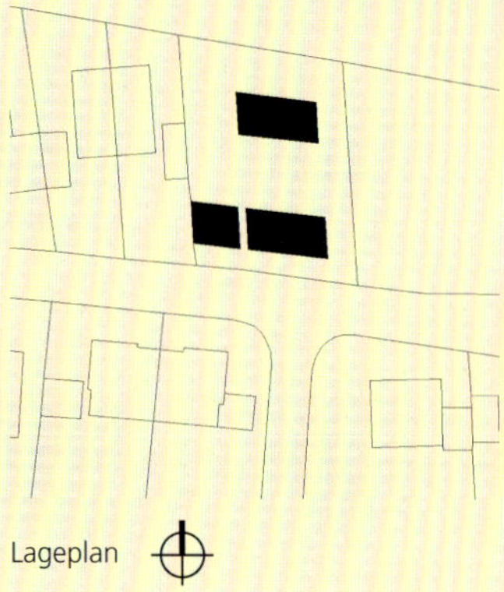

Lageplan

Doppelt klappt besser

Am nördlichen Rand der Gemeinde Sielenbach, auf einem Grundstück mit unverbaubarem Blick Richtung Ecknachtal, entstand dieses kleine Hausensemble. Während das Areal im Norden von Auewiesen und Waldstücken umgeben ist, grenzt im Süden die Erschließungsstraße an. Die Vorstellungen der Bauherren waren rasch umrissen: Sie wünschten sich bezahlbaren Wohnraum für zwei Personen, dazu ein großes Fotoatelier, ausreichend Abstellfläche sowie Parkplätze für zwei Autos. Da gerade auch die Lage des Grundstücks bei der Wahl der Parzelle eine entscheidende Rolle gespielt hatte, sollte der Bezug zum Talraum der Ecknach möglichst in allen Räumen erlebbar sein.

Die schwierige Situation der Nordorientierung zur Landschaft lösten die Architekten durch ein Ensemble aus Wohn- und Atelierhaus, dessen Rautenform sich aus dem Grundstückszuschnitt ergibt. Dabei schirmt das Ateliergebäude, zusammen mit dem westlich davon situierten Carport, das Grundstück zur Straße und zur Nachbarbebauung hin ab. Parallel dazu, leicht zurückgesetzt, ist das querschnittsgleiche Wohngebäude angeordnet. Zwischen den beiden Baukörpern entsteht auf diese Weise ein blick- und windgeschützter Terrassenbereich, der im Osten durch eine Hecke und einen Hausbaum gefasst wird. Dieser mit Holzbohlen ausgelegte Innenhof bildet den Mittelpunkt des kleinen Ensembles und dient zugleich auch der Erschließung des Wohnhauses. Ein über Eck eingeschnittener, mit Lärchenholz verkleideter Gebäuderücksprung markiert den Zugang.

Das Erdgeschoss wird zum großen Teil vom Wohnraum eingenommen, dessen deckenhohe Fenster sich zu beiden Längsseiten öffnen, sodass die Sonne im Süden und der Ausblick auf die Waldkulisse im Norden eingefangen werden. Der großzügige Eindruck wird durch die Raumhöhe von 2,80 Metern noch verstärkt. Das Atelier im Obergeschoss des gegenüber liegenden Gebäudes wiederum gewinnt Höhe durch die Reduzierung der Abstellräume im Erdgeschoss auf 2,20 Meter und nutzt den Pultdachverlauf als zusätzliches Volumen. Ein großes Atelierfenster zum Hof und zur Landschaft versorgt das Studio mit Nordlicht und stellt den direkten Bezug zum Außenraum her.

Der Verzicht auf einen Keller, die kompakte Bauweise, die Zusammenfassung der Fensterflächen zu wenigen großen Elementen sowie die wirtschaftliche Dachkonstruktion mit einer Aluminiumwelle tragen zum kostengünstigen Bauen ebenso bei wie die reduzierte Innenausstattung: So wurde beispielsweise der Fußboden im Wohnhaus durchgängig mit einer Industriebeschichtung versehen.

▮ Wohnen mit Durchblick: Im Süden, auf der Seite des Terrassenhofs, wird die Sonne ins Haus geholt, im Norden wird die Aussicht auf die Landschaftskulisse des Ecknachtals inszeniert.

▮ Während sich das Wohnhaus mit raumhohen Öffnungen zur Landschaft hin orientiert, rückt das dahinter liegende Atelierhaus an die südlich verlaufende Straße und schirmt so den Innenhof ab.

▮ Der Wohnraum erhält Licht von beiden Seiten und wirkt angenehm hell. Der Fußboden mit anthrazitfarbener Industriebeschichtung ist eine kostengünstige Alternative zu herkömmlichen Belägen.

▮ Auch bei Dämmerung sind die Vorzüge der Grundstückslage offensichtlich.

▮ Kontrastreich: Der durchgehende, dunkle Industrieboden und die weiß gestrichenen Wände bestimmen den Raumeindruck im Erschließungsflur im Obergeschoss.

▮ Eine eingezogene, mit Lärchenholz beplankte Gebäudeecke signalisiert den Zugang zum Wohnhaus.

Büroprofil

Architekten BDA
Mühlich, Fink & Partner
Heimstraße 11
D-89073 Ulm
www.mfp-ulm.de
Projektarchitekt: Peter Fink
Projektleitung: Günter Perl, Architekt; Mitarbeit: Klaus Abele, Architekt

Studienort:
Prof. Dr.-Ing. Wolfgang Mühlich/Dipl.-Ing. Peter Fink/Dr.-Ing. Christine Mühlich-von Staden: TU Stuttgart/FH München/TU Darmstadt; TU Stuttgart
Bürogründung: 1993
Anzahl der Mitarbeiter: 6–8

Gebäudedaten

Grundstücksgröße: 798 m^2
Wohnfläche: 204,8 m^2
Zusätzliche Nutzfläche: 55,5 m^2
Anzahl der Bewohner: 2
Bauweise: Massivbau
Baukosten je m^2 Wohn- und Nutzfläche: 1.061 Euro
Baukosten gesamt: 276.269 Euro (ohne Carport)
Heizwärmebedarf: 63,8 kWh/m^2a
Primärenergiebedarf: 120,9 kWh/m^2a
Fertigstellung: 2004

Obergeschoss
M 1:200

1 Bad
2 Hauswirtschaft
3 Zimmer
4 Schlafen
5 Lager
6 Fotolabor
7 Atelier

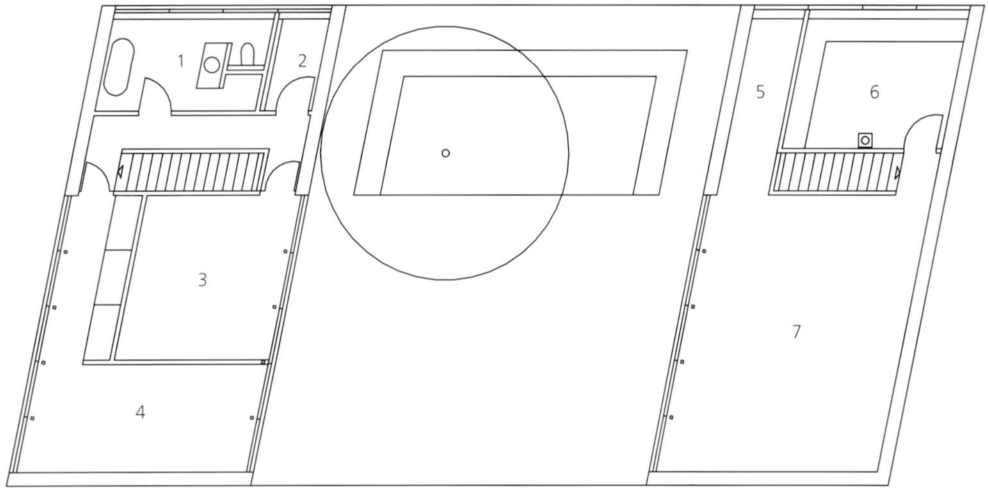

Erdgeschoss
M 1:200

1 Küche
2 WC
3 Garderobe
4 Wohnen, Essen
5 Terrassenhof
6 Haustechnik
7 Abstellraum
8 Geräte
9 Carport

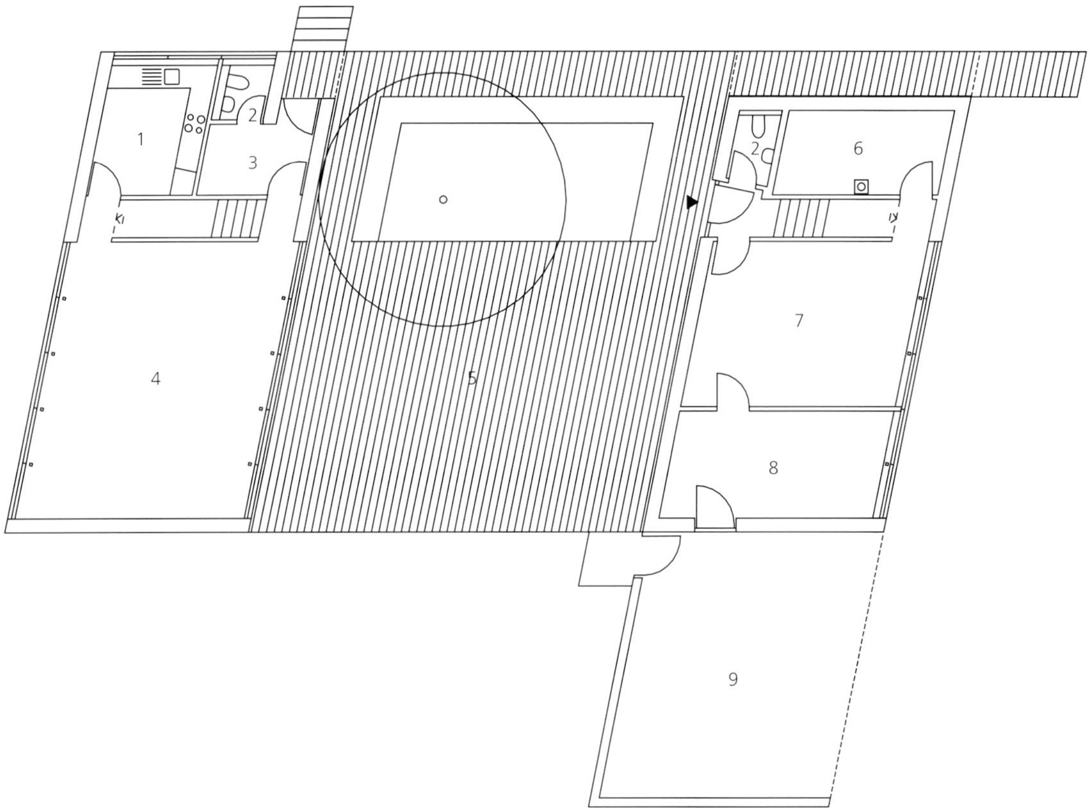

Schnitt
M 1:200

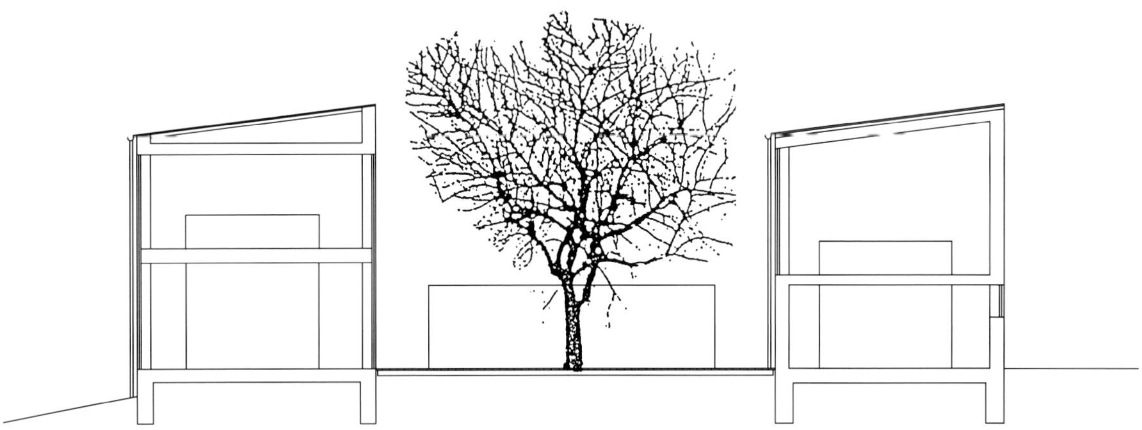

I **Einfamilienhaus in München**

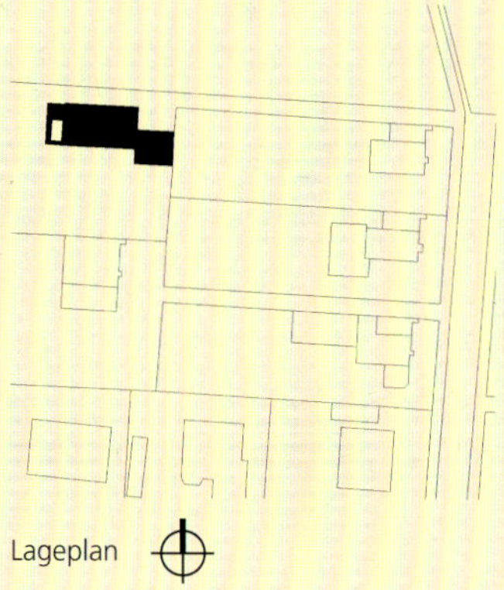

Lageplan

Kontrastprogramm

Ganz in Schwarz und Weiß präsentiert sich dieses Einfamilienhaus in München – der Farbkontrast ist hier Programm. Das Grundstück liegt in zweiter Reihe, von der Straße weit zurückgesetzt, am Ende einer lang gestreckten Zufahrt. Ein kleiner Hof, gebildet aus Wohnhaus und Garage, empfängt den Besucher und leitet ihn zum geschützt unter dem auskragenden Obergeschoss liegenden Eingang. Hier im Norden rückt der Baukörper nah an die Grundstücksgrenze heran und gibt mit sparsamen Öffnungen nur wenig von seinem Innenleben preis.

Auf der Gartenseite orientiert sich das Haus ganz zum Grün. Die Fassade im Erdgeschoss ist großflächig aufgeglast und nutzt die Sonne als natürliche Wärmequelle. Schiebetüren sorgen für fließende Übergänge zwischen Innen und Außen. Wie ein Mäander erscheint hier die Ansicht: Die Geschossebenen heben sich als horizontal durchlaufende, weiß verputzte Bänder hervor, die dem Bau sein streng lineares Aussehen verleihen. In diesem grafisch reizvollen Rahmen, der Erd- und Obergeschoss zusammenfasst, bilden die dunkel eloxierten Aluminium-Trennelemente im ersten Stock ein optisches Gegengewicht.

Ebenso streng und klar wie das Äußere ist auch der Grundriss organisiert, der in allen Ebenen der gleichen Grundstruktur folgt. An der Nordseite liegen Flur und Treppenhaus. Daran schließen sich im Erdgeschoss die Küche und ein von außen zugänglicher Abstellraum an, im Obergeschoss befinden sich auf dieser Seite die beiden Bäder. Der Wohnbereich ist ganz nach Süden ausgerichtet, ebenso orientieren sich die großzügigen Kinderzimmer und der Elternschlafbereich in der oberen Etage zur Sonne. Besonderen Wert legten die Bauherren auf ein Arbeitszimmer direkt neben dem Wohnraum. Durch eine wandintegrierte Schiebetür lässt es sich gegebenenfalls vom Familienleben trennen, bei geöffneter Tür entsteht ein Raumkontinuum, das sich fast über die gesamte Hauslänge erstreckt.

Auch der Wunsch nach einem Wintergarten stand bei der Planung stets im Raum. Die Architekten erfüllten dieses Anliegen auf geschickte Weise, indem sie einen Freisitz mit Glasdach in das Hauskonzept integrierten. Das Ergebnis kann sich sehen lassen – zumal hier alles andere als ein gestalterisch unbefriedigender Annex entstanden ist: Durch die versetzte Anordnung der beiden Wohnebenen ergibt sich am westlichen Rand ein eingeschossiger Trakt. Dieser „Wintergarten" ist ein unbeheizter, thermisch vom übrigen Haus abgekoppelter Raum, der über Schiebetüren mit dem Wohnbereich verbunden ist und ihm bei Bedarf zugeschaltet werden kann.

▮ Kontrastreiche Fassadenkomposition: Der weiß verputzte mäandrierende Rahmen betont als massive, raumbildende Struktur die Horizontale. Die stehenden, schwarz eloxierten Trennelemente sorgen für ein optisches Gegengewicht.

▮ Der Sonnenschutz ist in das Deckenband integriert. Eine Gleitschirmmarkise verschattet das Erdgeschoss und lockert die Strenge der Fassade auf.

▮ Im Eingangsbereich auf der Ostseite ist das Obergeschoss leicht herausgeschoben, sodass ein geschützter Durchgang zwischen Wohnhaus und Garage in den Garten entsteht.

▮ Durch ein Glasdach fällt zusätzliches Licht in den Wintergarten. Der ungeheizte Raum ist thermisch vom Haupthaus getrennt, lässt sich jedoch bei Bedarf über Schiebetüren dem Wohnbereich zuschalten.

Büroprofil

Nikolaus Meißler
Marion Hlawatschek
Architekten
Daphnestraße 12
D-81925 München
www.meissler-hlawatschek.de

Studienort: Nikolaus Meißler/ Marion Hlawatschek: TU München; ETSAM Madrid
Bürogründung: 2001
Anzahl der Mitarbeiter: 1–3

Gebäudedaten

Grundstücksgröße: 1.196 m²
Wohnfläche: 185 m²
Zusätzliche Nutzfläche: 105 m²
Anzahl der Bewohner: 4
Bauweise: Massivbau
Baukosten je m² Wohn- und Nutzfläche: 1.431 Euro
Baukosten gesamt: 415.000 Euro
Heizwärmebedarf: 65,8 kWh/m²a
Primärenergiebedarf: 105,3 kWh/m²a
Fertigstellung: 2004

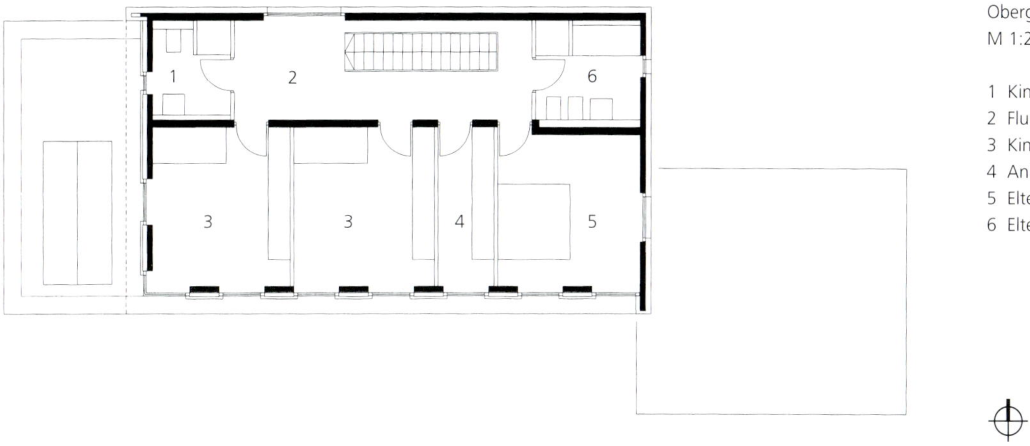

Obergeschoss
M 1:200

1 Kinderbad
2 Flur
3 Kind
4 Ankleide
5 Eltern
6 Elternbad

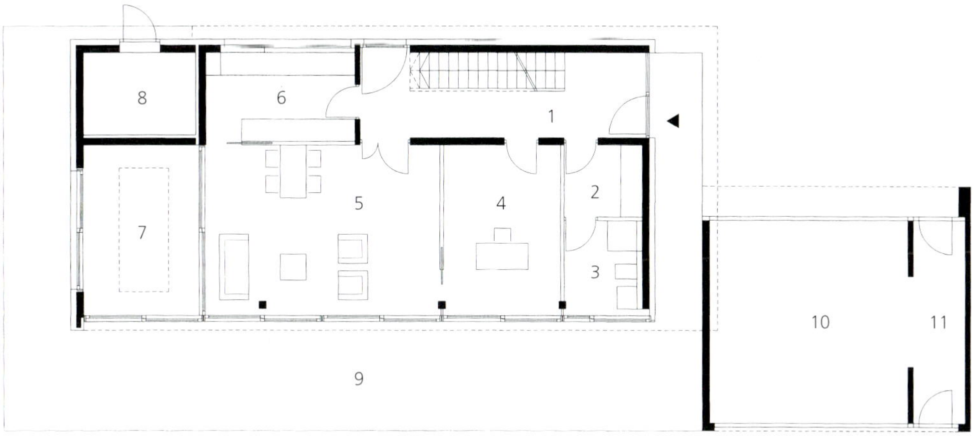

Erdgeschoss
M 1:200

1 Eingang
2 Garderobe
3 Dusche, WC
4 Arbeiten
5 Wohnen, Essen
6 Kochen
7 Raum mit Oberlicht, thermisch entkoppelbar
8 Fahrräder
9 Terrasse
10 Garage
11 Geräte, Müll

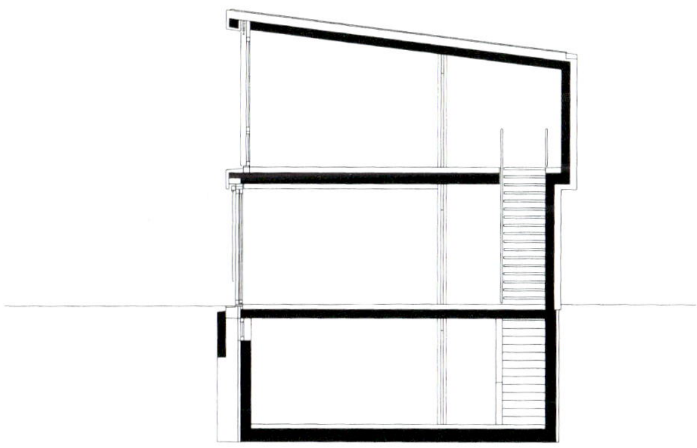

Schnitt
M 1:200

▮ Im Erschließungsflur im Obergeschoss ist der leichte Pultdachverlauf deutlich ablesbar. Das durchgängig verlegte Eichenparkett sorgt für eine angenehme Wohnatmosphäre.

▮ Schöne Aussichten ins Grüne bietet die Übereckverglasung im Kinderzimmer auf der Westseite.

Anerkennung: **Gassner & Zarecky, Riemerling**

Einfamilienhaus in München-Grünwald

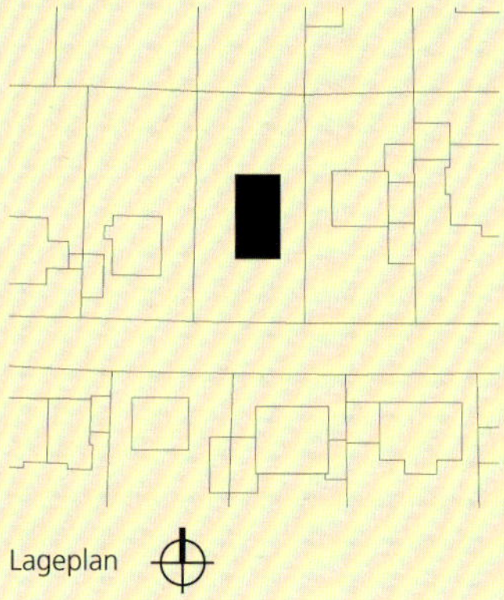

Lageplan

Kunstvolles Konzept

Im alten Ortsteil von Grünwald, der zu den begehrtesten Wohnlagen rings um München gehört, war es den Bauherren gelungen, eines der raren noch unbebauten Grundstücke zu erwerben. Die Architektur im Geviert ist geprägt von der typischen Siedlerhausbebauung aus dem frühen 20.Jahrhundert: kleine, kompakte Häuser mit steil geneigten Dächern ohne Überstand. Das neue Domizil der vierköpfigen Familie sollte zwar einerseits mit dieser gewachsenen Umgebung harmonieren, sich andererseits durchaus davon abheben: Da die Bauherren sehr kunstinteressiert sind, stehen sie auch unkonventioneller Architektur entsprechend aufgeschlossen gegenüber.

Die Architekten schafften es, die diffizile Bauaufgabe kunstvoll zu lösen. Sie übernahmen in Form und Proportion die traditionelle Gebäudetypologie und interpretierten sie mit zeitgemäßen Mitteln neu. Dabei teilten sie das Grundstück in mehrere „Gestaltungsstreifen" auf, die sich in Material und Funktion voneinander unterscheiden. Diese „Streifen" sind mehr als nur ein optischer Gag: Sie zonieren das Grundstück stufenweise. Beginnend an der Straße im Süden bildet ein Eingangsstreifen in Beton die Übergangszone vom öffentlichen zum privaten Raum, ein Grünstreifen im Anschluss daran den klassischen Vorgarten. Eingewoben in eine Lamellenstruktur aus Lärchenholzleisten erhebt sich dahinter das Wohnhaus: der Gebäudestreifen mit Eingangsbereich auf der östlichen, Terrassendeck auf der westlichen Seite. Im Norden schließen sich ein weiterer Grün- sowie ein Spielstreifen an.

Im Hausinnern orientieren sich die Aufenthaltsräume in allen Ebenen nach Norden oder Süden und werden giebelseitig über große Öffnungen belichtet. Die Funktions- und Nebenräume sind jeweils kompakt in der Mitte zusammengefasst. Über ein zweigeschossiges Atrium, das auf der Westseite in das Volumen eingeschnitten ist, dringt zusätzliches Licht ins Hausinnere, sodass beispielsweise auch der nordorientierte Wohnbereich im Erdgeschoss von der Südsonne beschienen wird.

Aus Kostengründen wählten die Architekten eine konventionelle Massivbauweise, das Kehlbalkendach ist unter der Lärchenlattung mit einer UV-beständigen Folie abgedichtet. Die Putzflächen wurden innen und außen teilweise farbig akzentuiert. Alles in allem wurde bei Details und technischer Ausstattung auf herkömmliche, kostengünstige Lösungen geachtet – lediglich das Streifen-Konzept mit der durchlaufenden Holzbekleidung des Wohnhauses sprengt den gewohnten Gestaltungsrahmen.

Unten links: Das weit ausgreifende Betondach lenkt den Besucher zum Hauseingang.

Unten rechts: Auf der Westseite ist ein Atrium in das Gebäudevolumen eingeschnitten. Die durchlaufende Holzschalung des Wohnhauses setzt sich als Terrassenbelag fort.

Oben: Verblüffend anders – das Wohngebäude ist eingewoben in eine Schalung aus horizontal verlaufenden Lärchenholzleisten: eine gestalterisch originelle Neuinterpretation des konventionellen Satteldachhauses.

Im Elternschlafbereich im Obergeschoss nutzen Einbauschränke den Raum unter der Dachschräge. Durchgängig verlegtes Eichen-Industrieparkett sorgt optisch für Großzügigkeit.

Das Modell veranschaulicht die Zonierung des Grundstücks in Gestaltungsstreifen.

Küche, Ess- und Wohnbereich bilden eine offene Raumfolge, die nur durch die Einbuchtung des Atriums und die mittig liegende Treppe zoniert wird.

Über den Gebäudeeinschnitt im Erdgeschoss verzahnt sich der Freisitz mit dem Haus.

Büroprofil

Gassner & Zarecky
Architekten und Ingenieure
Partnerschaft BDA
Maiglöckchenweg 16
D-85521 Riemerling
www.gassner-zarecky.de

Studienort: Ulrich Gassner/ Peter Zarecky: FH München
Bürogründung: 1997
Anzahl der Mitarbeiter: 4–6

Gebäudedaten

Grundstücksgröße: 791 m^2
Wohnfläche: 167 m^2
Zusätzliche Nutzfläche: 94 m^2
Anzahl der Bewohner: 4
Bauweise: Massivbau mit Holzbekleidung
Baukosten je m^2 Wohn- und Nutzfläche: unter 1.500 Euro
Baukosten gesamt: keine Angaben
Heizwärmebedarf: 48,5 kWh/m^2a
Primärenergiebedarf: 78,3 kWh/m^2a
Fertigstellung: 2004

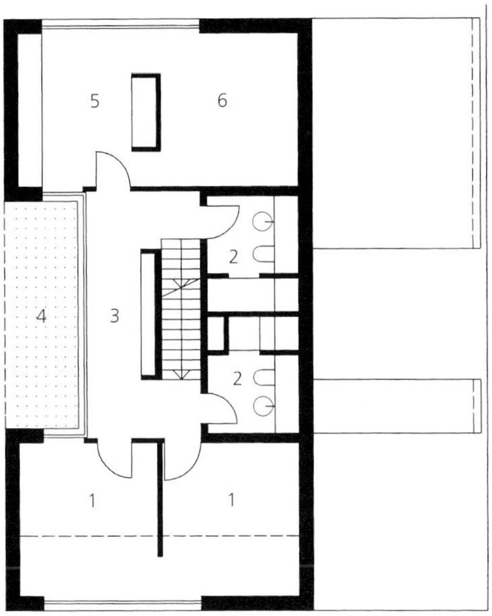

Obergeschoss
M 1:200

1 Kind
2 Bad
3 Flur
4 Atrium
5 Ankleide
6 Schlafen

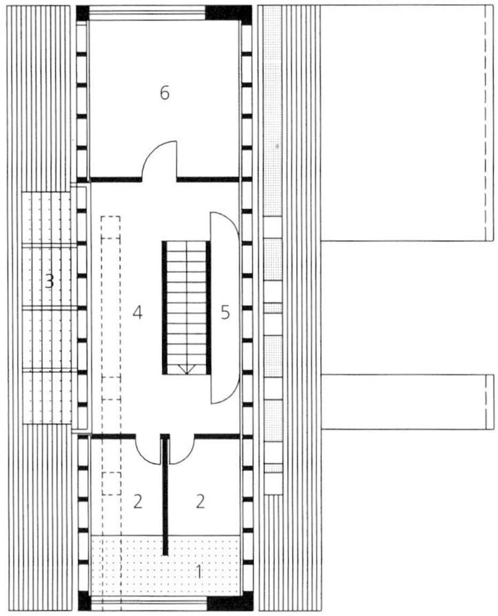

Dachgeschoss
M 1:200

1 Luftraum
2 Empore
3 Atrium
4 Flur
5 Abstellraum
6 Büro

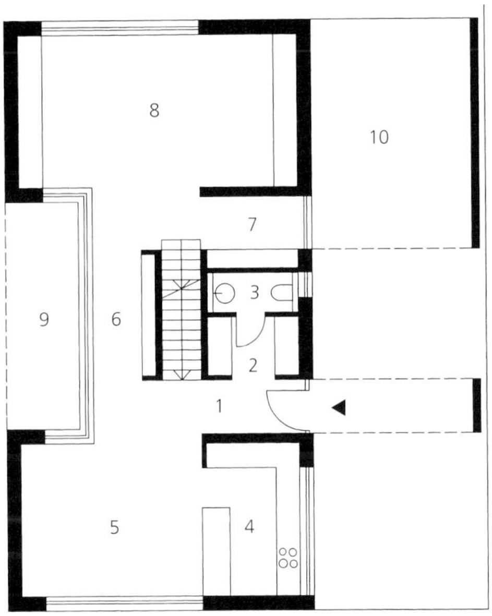

Erdgeschoss
M 1:200

1 Windfang
2 Garderobe
3 WC
4 Küche
5 Essen
6 Flur
7 Klavierzimmer
8 Wohnen
9 Terrasse
10 Carport

Schnitt
M 1:200

I Wohnhaus mit Werkstatt in Ochsenhausen

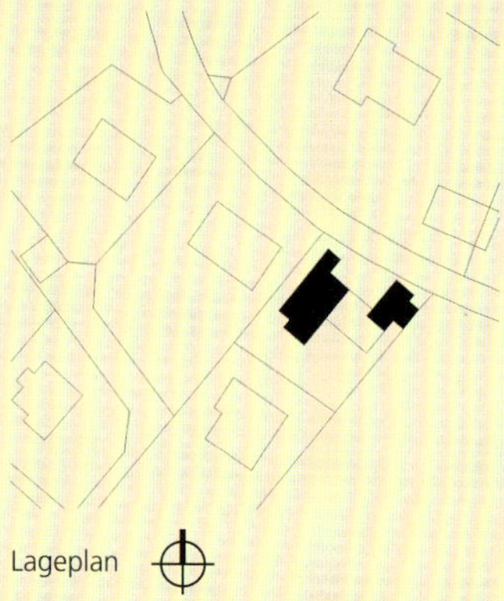

Lageplan

Höhensprung

Eigentlich klingt es viel versprechend: ein Grundstück in einem ruhigen Wohngebiet aus den 1960er Jahren, an einem Südwesthang hoch über der Stadt, umgeben von alten Bäumen, mit Blick auf die imposante Anlage der ehemaligen Benediktiner-Reichsabtei Ochsenhausen. Dass sich niemand für das brachliegende Areal interessierte, lag daran, dass es so steil abfällt, dass eine Bebauung fast unmöglich erschien. Die Architektin ließ sich davon nicht abschrecken: Sie konzipierte ein Ensemble aus Wohn- und Werkstattgebäude, das sie senkrecht in den Hang stellte und dem Grundstück damit erstaunlich viel Fläche abtrotzte.

Der Bauablauf wurde zur größten logistischen Herausforderung: Da der Kran nicht auf der schmalen Zufahrtsstraße stehen konnte, wurde zuerst das Untergeschoss der Werkstatt ohne Kran auf die vorhandene Ebene betoniert und dann der Kran auf die Werkstatt gestellt, um die Stützwand im zweiten Untergeschoss zu betonieren, hinter der der Aushub entsorgt wurde. Erst danach konnte es richtig losgehen. Das Haus durchläuft nun, den Höhenunterschied überbrückend, das Gelände. Auf jeder der insgesamt drei Ebenen entstehen terrassierte Außenbereiche unterschiedlicher Qualität: ein Eingangshof auf Straßenniveau, ein Werkhof in der mittleren Ebene und ein Garten- und Spielhof in der untersten Ebene.

Die Eingangsebene bildet den Gemeinschaftsbereich mit Küche, Essplatz, Wohnhalle und kleiner Lesegalerie. Eine Ebene tiefer, zum Werkhof orientiert, liegt der Elternbereich mit einem teilbaren Zimmer auf der Südwestseite und einem unterschiedlich nutzbaren Bereich, der mal als zusätzlicher Wohnraum, mal als Arbeitsplatz dient. Ähnlich flexibel ist auch die Kinderebene im untersten Geschoss gehalten, mit teilbarem Zimmer, Spiel- und Lernbereich, separatem Bad sowie einem eigenen Hof zum Herumtollen.

Verbindende Elemente zwischen den Ebenen sind das offene Treppenhaus und eine orange gestrichene Betonbox: Sie bietet neben Stauraum auch Platz für den Kamin sowie die Treppe zur Dachterrasse. Die Fassade des mit Erdwärme beheizten Niedrigenergiehauses ist mit sägerauer Douglasie verkleidet, im Innern des Stahlbetonbaus sind Decken und Wände roh belassen. Lärchenholzdielen und Einbaumöbel aus Birkensperrholz tragen zum harmonischen Gesamteindruck bei. Der Verzicht auf alles Überflüssige, einfache und günstige Details sowie ein hoher Anteil an Eigenleistungen ermöglichten es, das Haus trotz aller widrigen Umstände sehr kostengünstig zu realisieren.

Geländeterrassierungen überbrücken den extremen Höhenunterschied: Der Werkhof in der mittleren Ebene verbindet das dreigeschossige Wohnhaus mit der angrenzenden Werkstatt. Als Brüstungen sind mit Draht bespannte Rankgerüste geplant.

Zur Straße im Norden ist das Haus eingeschossig. Vom bekiesten Vorplatz reicht der Blick zur gegenüber liegenden Klosteranlage Ochsenhausen.

Im Nordwesten rückt das Haus nah an die Grundstücksgrenze heran. Die holzverschalte Fassade ist weitgehend geschlossen, nur an der Ecke öffnet sie sich Richtung Stadt.

▌Links: Der offene Treppenraum ermöglicht vielfältige Blickbeziehungen – sowohl innerhalb des Hauses als auch nach draußen. Als markantes Gestaltungselement zieht sich die orange gestrichene Box durch alle Ebenen.

▌Sichtbeton, Einbaumöbel aus Birkensperrholz und Lärchendielen bestimmen den Raumeindruck im offenen Gemeinschaftsbereich, der sich mit seinen Öffnungen ganz nach Südosten orientiert.

Schnitt
M 1:200

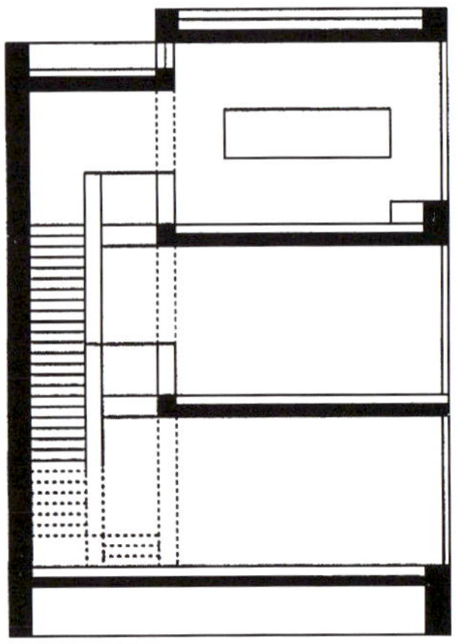

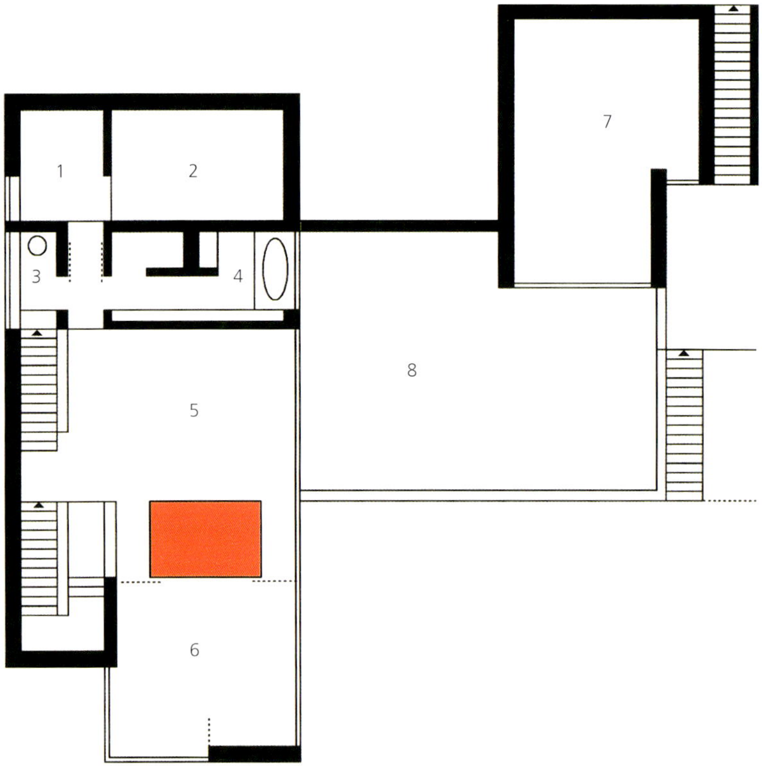

▮ Blick in die Küche: Auch hier sorgen roh belassener Beton sowie naturfarbenes Holz an Boden und Schränken für ein angenehm ruhiges Erscheinungsbild.

▮ Die Treppe verläuft entlang der geschlossenen Fassade an der Nordwestseite und verbindet alle drei Ebenen miteinander.

Büroprofil

Claudia Habrik-Sailer
Max-Redelstein-Straße 15
D-88416 Ochsenhausen
Studienort: FH Biberach
Bürogründung: 2005

Gebäudedaten

Grundstücksgröße: 630 m²
Wohnfläche: 230 m²
Zusätzliche Nutzfläche: 50 m²
Anzahl der Bewohner: 3
Bauweise: Massivbau (Stahlbeton mit Vollwärmeschutz und Holzverkleidung)
Baukosten je m² Wohn- und Nutzfläche: 804 Euro (ohne Werkstatt)
Eigenleistungen: Planung, Bauausführung
Baukosten gesamt: 225.000 Euro
Heizwärmebedarf: 42 kWh/m²a
Primärenergiebedarf: 61 kWh/m²a
Fertigstellung: 2004

Ebene – 1
M 1:200

1 Waschraum
2 Keller
3 WC
4 Bad
5 Wohnen
6 Eltern (teilbares Zimmer)
7 Werkstatt
8 Werkhof

Eingangsebene
M 1:200

1 Eingangshof
2 WC
3 Lesegalerie
4 Kochen
5 Essen
6 Wohnen
7 Büro
8 Garage

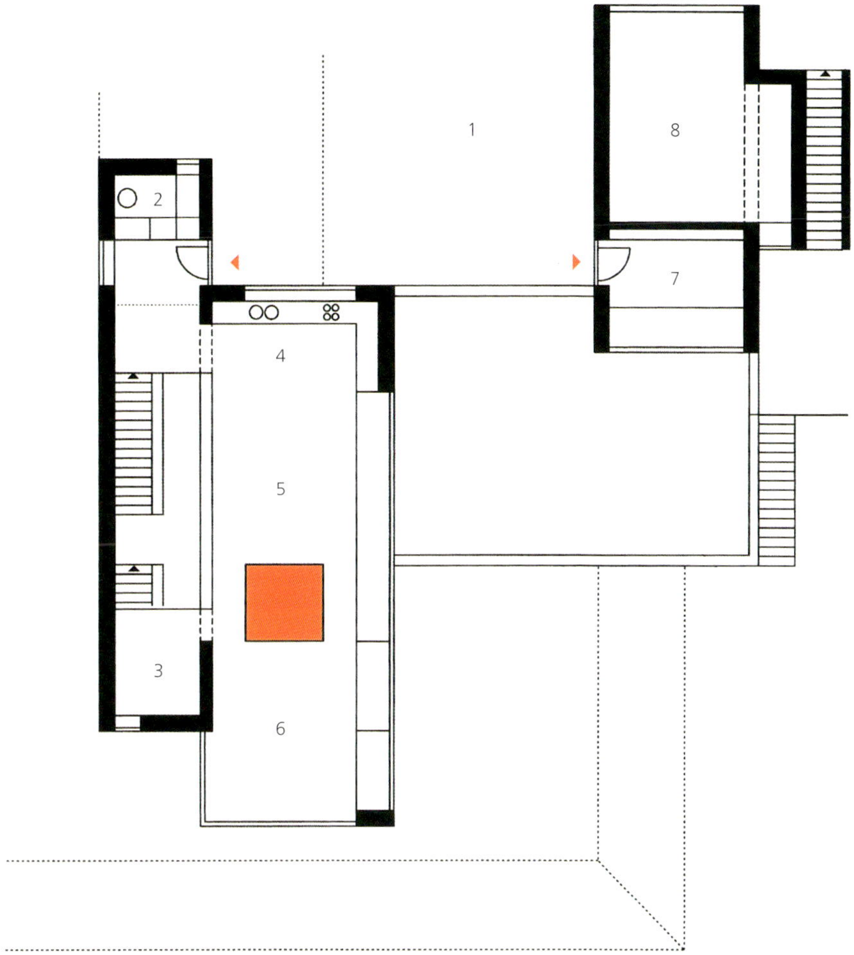

Ebene – 2
M 1:200

1 Technik
2 Lager
3 Bad
4 Spielen
5 Kinder (teilbares Zimmer)
6 Garten- und Spielhof

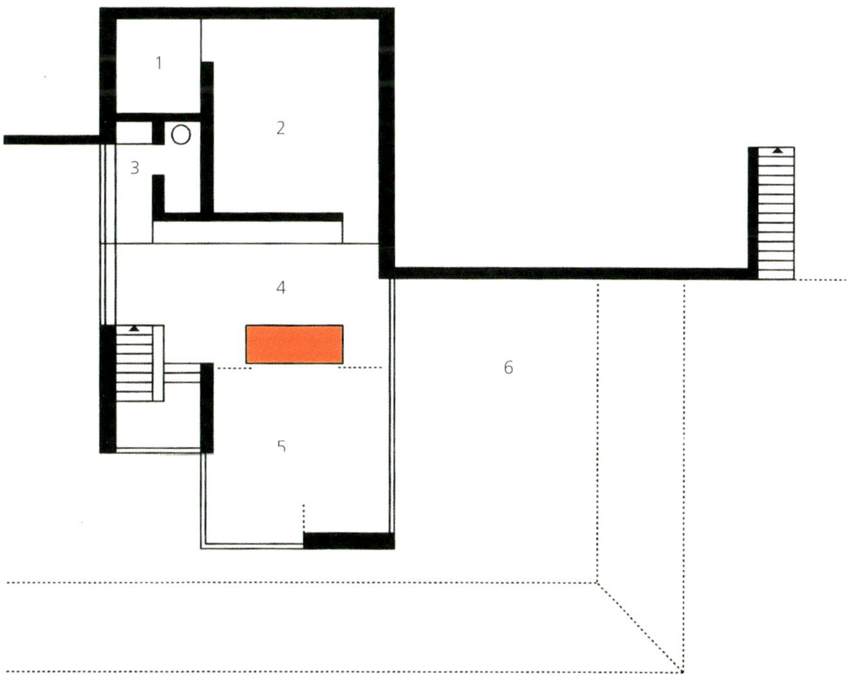

Anerkennung: **Pfeifer Roser Kuhn Architekten, Freiburg**

Patchworkhaus in Müllheim/Baden

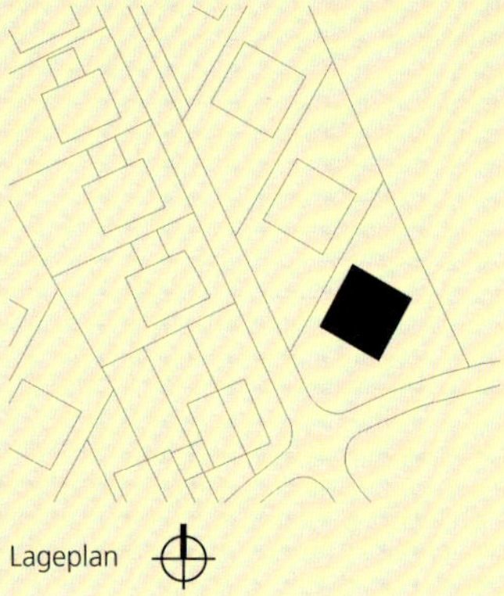

Lageplan

Wohl temperierte Architektur

Von außen betrachtet, ein klassisches Wohnhaus mit Satteldach – allerdings in ungewohnter Optik: Dach- und Längsseiten sind von einer Hülle aus Polycarbonatstegplatten umgeben, die das Gebäude im badischen Müllheim deutlich aus dem architektonischen Allerlei seiner Nachbarschaft hervorhebt. Im Innern entwickelt sich der Bau als komplexes System ineinander greifender Raumfolgen: Ein Haus für zwei Parteien, die zwar gemeinsam unter einem Dach leben wollen, aber zugleich auch unabhängige Bereiche beanspruchen.

Die Wohnstruktur dreht sich geschossweise um eine gemeinsame Halle, die Erschließungsraum und zugleich kommunikativen Mittelpunkt des Hauses bildet. So können beide Parteien von jeder Himmelsrichtung profitieren: Im Erdgeschoss trennt die Halle die beiden Wohnbereiche, im Obergeschoss liegen, um 90 Grad gedreht, die Schlafbereiche mit Bädern und im Dachgeschoss, wiederum gedreht, zwei weitere Zimmer. Zwei offene gegenläufige Treppen erschließen die jeweiligen Einheiten unabhängig voneinander.

Über die transparente Hülle, die zugleich wichtiger Bestandteil des Energiekonzepts ist, fällt Licht in die Halle und dringt durch Innenfenster in die angrenzenden Räume. Das Atrium dient zugleich auch als „Energiegarten", der das ganze Haus mit passiver Solarenergie versorgt: Dachflächen und Traufwände sind aus massiven Holzbrettstapelelementen, vor denen die transparenten Polycarbonattafeln stehen. Durch die kontrollierte Luftschicht dazwischen entsteht ein Kollektor, der die Sonnenenergie nutzbar macht – die warme Luft steigt an der Innenseite der Kunststoffstegplatten bis zum Dach auf. Die Steuerung von Erwärmung und Kühlung ist unkompliziert über manuell zu bedienende Lüftungsklappen in der Dachfläche möglich, sodass sich das System je nach Bedarf im Sommer öffnen, im Winter schließen lässt.

Die massiven Giebelwände aus Porenbeton sorgen für Speichermasse und gute Dämmung. Durch den Einsatz der Polycarbonatplatten konnten die Architekten auf künstliche Dämmstoffe für die Fassadenoberfläche verzichten. Das technisch ausgetüftelte Konzept mit dieser ebenso kostengünstigen wie effizienten Außenhülle macht das Haus zum Energiesammler – und senkt den Wärmebedarf so weit, dass als Heizung eine Bauteilaktivierung in den Betondecken ausreicht. Ein kleiner Kaminofen spendet zudem Wärme in der Halle. Der zweite Kaminzug dient gleichzeitig dazu, die wärmere Luft aus dem Dachraum in die unteren Raumzonen zurückzuführen.

▮ Oben: Von der Stirnseite aus betrachtet, entspricht der Bau mit seinem steilen Satteldach und den blaugrau verputzten Giebelwänden ganz einem klassisch-traditionellen Haustyp.

▮ Die Seitenansicht zeigt die transparente, reflektierende Außenhaut aus Polycarbonatstegplatten, in der sich ein Wechselspiel von durchscheinendem Holz und sich spiegelnder Landschaft ergibt.

Büroprofil

pfeifer. kuhn. architekten
Gartenstraße 19
D-79098 Freiburg
www.pfeifer-kuhn.de
Konzept, Planung, Objektüberwachung: Pfeifer Roser Kuhn Architekten
Projektmitarbeit: Thomas Gillich (Projektleitung), Simone Wechsler
Energiekonzept:
Delzer Kybernetik, Lörrach
Haustechnisches Konzept:
Balck + Partner, Heidelberg
Studienort:
Prof. Günter Pfeifer BDA DWB/Dipl.-Ing. Christoph Kuhn BDA: Staatliche Werkkunstschule Kassel/TU Berlin; École d'Architecture de Paris Villemin
Bürogründung: 2001 (Pfeifer Roser Kuhn Architekten), seit 2005: pfeifer. kuhn. architekten
Anzahl der Mitarbeiter: 11

Gebäudedaten

Grundstücksgröße: 804 m^2
Wohnfläche: 286 m^2
Zusätzliche Nutzfläche: 21 m^2
Anzahl der Bewohner: 4
Bauweise: Mischbau (Brettstapelholz, Porenbeton, Stahlbeton)
Baukosten je m^2 Wohn- und Nutzfläche: 1.329 Euro
Baukosten gesamt:
408.000 Euro
Heizwärmebedarf:
77,4 kWh/m^2a
Primärenergiebedarf:
24,3 kWh/m^2a
Fertigstellung: 2005

Die transluzente Hülle bestimmt den Raumeindruck des gebäudehohen Atriums, das bis unter den Dachfirst reicht.

Rechts: Im Gebäudeinneren entwickelt sich ein komplexes Raumgefüge um eine gemeinsame Halle, die zugleich der Erschließung dient. Zwei gegenläufige Treppen verbinden die einzelnen Wohnebenen.

Dachgeschoss
M 1:200

1 Luftraum 1. OG
2 Zimmer
3 Luftraum

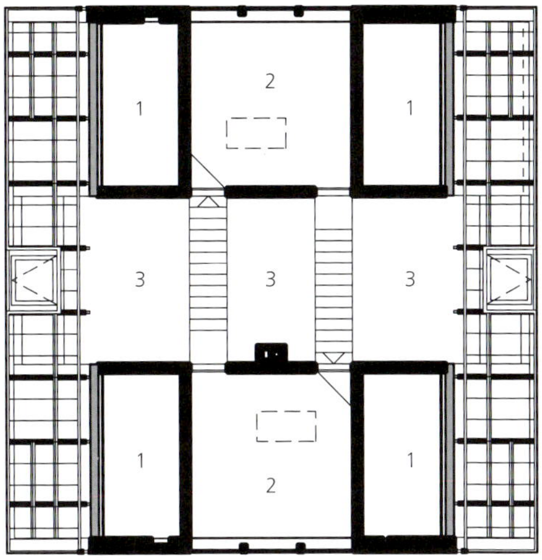

Obergeschoss
M 1:200

1 Zimmer
2 Wohngarten
3 Bad
4 WC
5 Luftraum

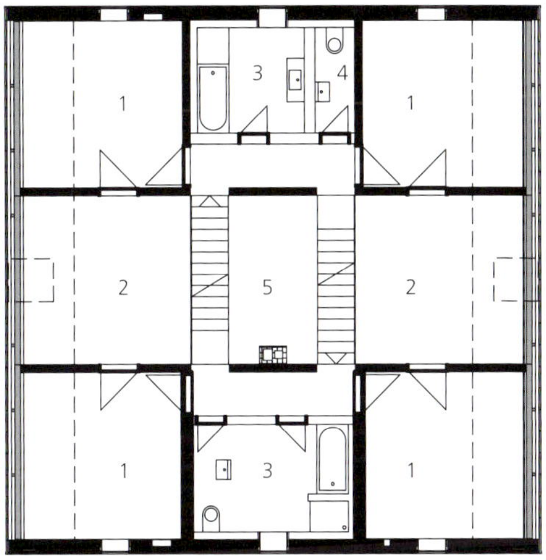

Erdgeschoss
M 1:200

1 Eingangshalle
2 WC
3 Garderobe
4 Hausanschluss
5 Essen
6 Küche
7 Wohnen
8 Dusche, WC

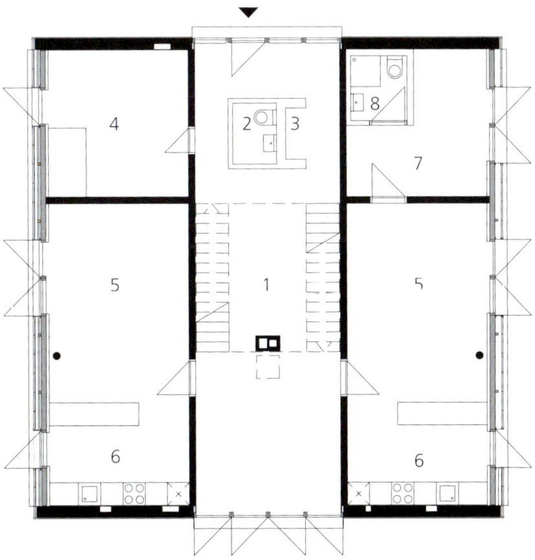

▮ Getrennt und doch vereint: Von der Gartenseite im Osten blickt man durch die Glasöffnung der Terrassentür direkt in die Wohnhalle des Zweiparteienhauses.

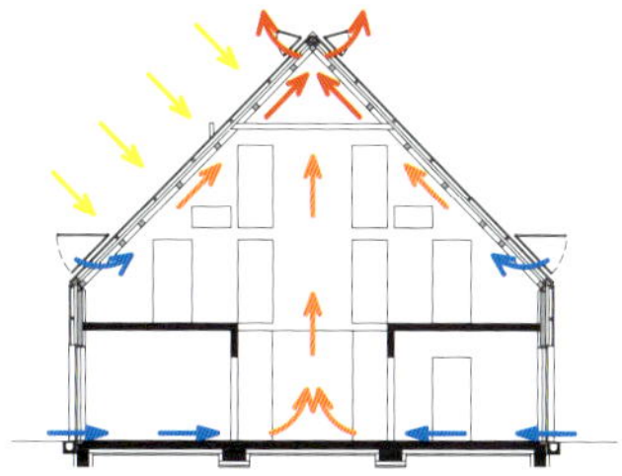

Energieschema Sommer
Im Sommer wird überschüssig erwärmte Luft über die Dachfenster abgelüftet.

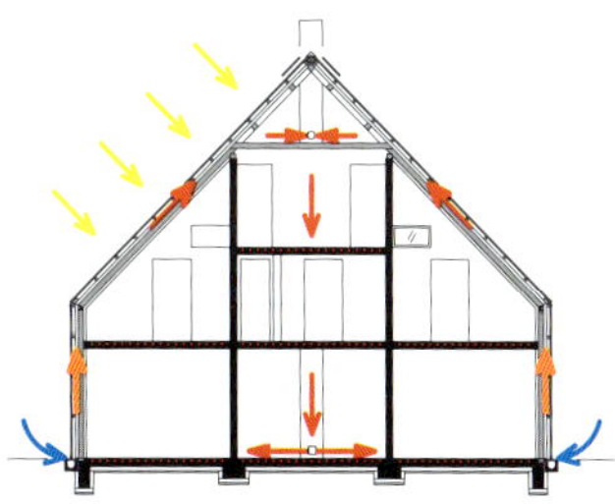

Energieschema Winter
Durch Verschluss der Dachflächen wird im Winter eine stehende Luftschicht erzeugt, die dämmend wirkt.

I Wohn- und Geschäftshaus in Sasbach

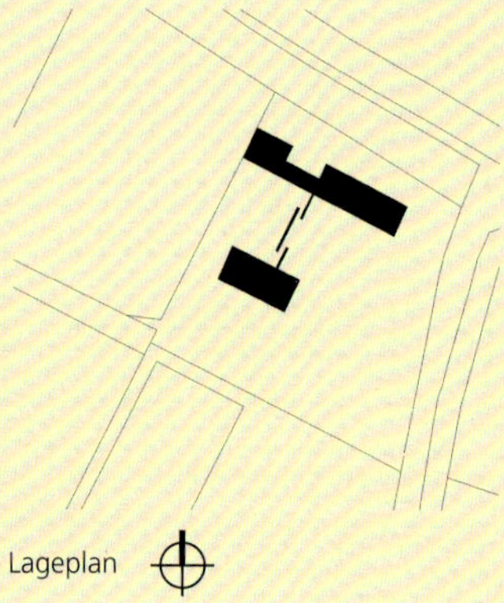

Lageplan

Loftraum mit Anschluss

Ebenso unkonventionell wie dieses Hausensemble ist auch seine Lage auf einem abgelegenen Randgrundstück in einem Gewerbegebiet. Dass die Bauherren sich ausgerechnet diesen Standort für ihr neues Domizil auswählten, lag daran, dass sie hier Wohnen und Arbeiten gut miteinander verbinden können: Das Paar designt und produziert Brillen. Ein Geschäftshaus auf der südwestlichen Grundstücksseite dient als Ideenschmiede, Werkstatt, Showroom und Büro, das Wohnhaus im Nordosten als privater Rückzugsbereich. Durch die parallele Stellung der Gebäude und eine Mauer entlang des Zufahrtsweges entsteht ein dreiseitiger Innenhof, der sich zum weitläufigen Garten hin öffnet.

Obwohl die Hausgruppe gestalterisch eine Einheit bildet, funktionieren beide Gebäude völlig unabhängig voneinander. Da die Bauherren sich ein kompaktes, formal reduziertes und vor allem kostengünstiges Haus wünschten, konzipierte der Architekt einen schlichten Kubus – in Kalksandsteinmauerwerk mit Vollwärmeschutz –, dessen dunkle, fast schwarze Putzfassade den puristischen Grundgedanken unterstreicht. Man betritt den Neubau von Nordwesten, wo ein Vordach Garage und Wohntrakt miteinander verbindet, und gelangt vom Eingangsbereich direkt in den offenen Koch-, Wohn- und Essraum, der sich über die gesamte Gebäudelänge erstreckt.

An der Ostseite öffnet sich dieser Wohnbereich zweigeschossig in einen Luftraum. Eine über beide Ebenen reichende Glasfront sorgt für Weite und Großzügigkeit und gibt den Blick in Richtung Vorgebirgszone des Schwarzwalds frei. Im Süden wiederum geht der Raum mit einem breiten Terrassendeck fließend ins Grüne über. Schlafzimmer und Bäder sind im Obergeschoss untergebracht. Durch eine satinierte Glaswand fällt das Licht vom Treppenhaus in den Elternbereich, der über eine offene Galerie Sichtkontakt zu dem darunter liegenden Wohnraum hält.

Auch bei der Gestaltung des Inneren wird die puristisch-sachliche Linie konsequent weitergeführt. Dabei kamen, vor allem auch aus Kostengründen, vorwiegend flächenfertige Materialien zum Einsatz: Trennwand und Treppe aus Sichtbeton lassen im Wohn- und Essbereich im Erdgeschoss zusammen mit dem Boden aus geschliffenem und gewachstem Zementestrich eine loftartige Atmosphäre entstehen. Weder Mühe noch Aufwand hingegen scheuten Architekt und Bauherren, bis das Gemisch aus Sand und Splitt auch ihren Farbvorstellungen entsprach – schließlich ist es gerade dieser fugenlose, großflächige Belag, der dem Innenraum sein unverwechselbares Aussehen verleiht.

▮ Blick auf den Eingangsbereich. Eine Mauer aus Gabionen – steingefüllten Stahlgitterkörben – schirmt das Grundstück zur Zufahrtsstraße hin ab.

▮ Die beiden dunkel verputzten Baukörper – das Geschäftshaus auf der linken, das Wohnhaus auf der rechten Seite – bilden ein Ensemble, in dessen Mitte ein weitläufiger, sichtgeschützter Innenhof entsteht.

Im Wohnbereich im Erdgeschoss sorgen die Sichtbetonwand zum Treppenhaus sowie der Bodenbelag aus geschliffenem und gewachstem Zementestrich für Loftatmosphäre.

Im Süden erweitert sich der Raum auf eine breite vorgelagerte Sonnenterrasse. Deckenhohe Türen lassen fließende Übergänge zwischen Innen und Außen entstehen.

Büroprofil

Thomas Bechtold
Freier Architekt
Hirschbachstraße 23
D-77830 Bühlertal
Hohbaumweg 8
D-77815 Bühl-Baden
www.bau-werk-stadt.de
Projektmitarbeit: Thomas Möst

Studienort: Thomas Bechtold: Fachhochschule Karlsruhe
Bürogründung: 1995
Anzahl der Mitarbeiter: 3

Gebäudedaten

Grundstücksgröße: 2.243 m²
Wohnfläche: 148 m²
Zusätzliche Nutzfläche: 45 m²
Anzahl der Bewohner: 2
Bauweise: Massivbau (KS-Stein)
Baukosten je m² Wohn- und Nutzfläche: 933 Euro (Wohnhaus)
Eigenleistungen: Elektroinstallation, EIB-Anlage
Baukosten gesamt: 180.000 Euro
Heizwärmebedarf: 54,1 kWh/m²a
Primärenergiebedarf: 88 kWh/m²a
Fertigstellung: 2004

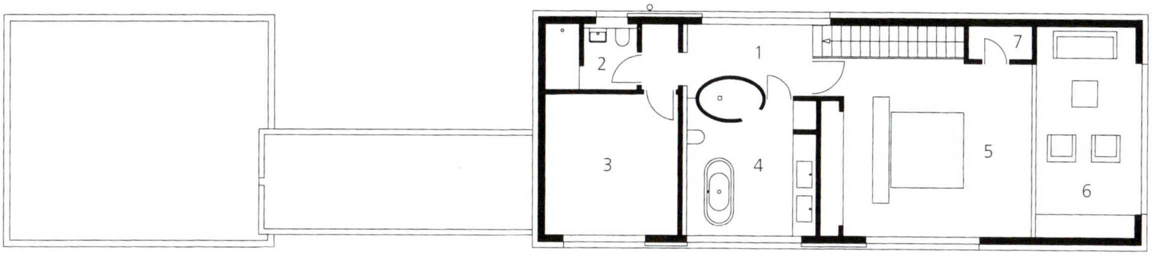

Obergeschoss
M 1:200

1 Flur
2 Dusche, WC
3 Kind, Gäste
4 Bad
5 Schlafen
6 Luftraum
7 Abstellraum

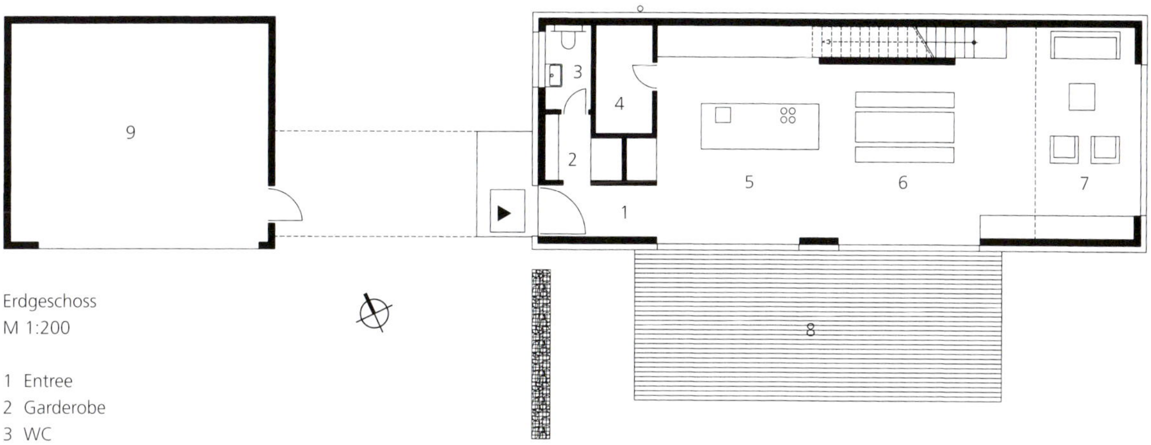

Erdgeschoss
M 1:200

1 Entree
2 Garderobe
3 WC
4 Abstellraum, Technik
5 Kochen
6 Essen
7 Wohnen
8 Terrasse
9 Garage

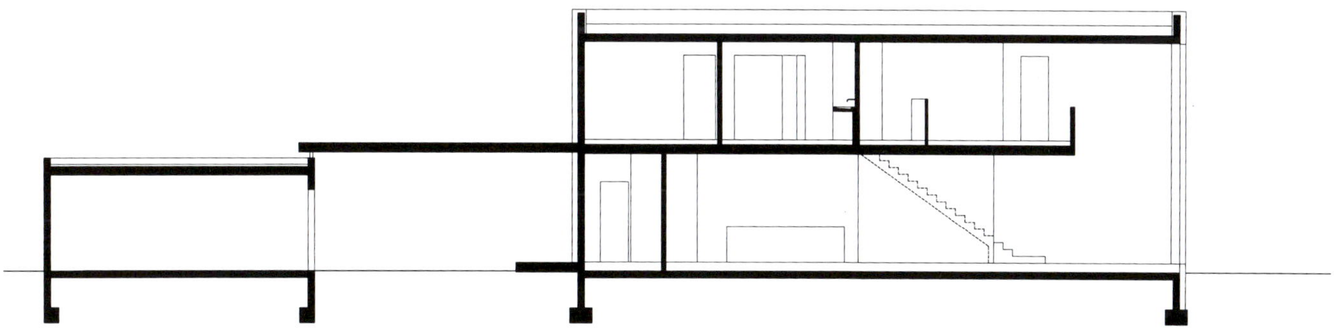

Mit einer über zwei Geschosse reichenden Glasfront öffnet sich das Haus an der Ostseite mit Blick Richtung Schwarzwald. Der puristischen Architektur entspricht auch die Gestaltung der Außenanlagen.

Einen kräftigen Farbakzent setzt die orangefarbene, linsenförmige Duschkabine, die zugleich die Trennwand zum Flur bildet.

I Doppelhaushälfte in Tutzing bei München

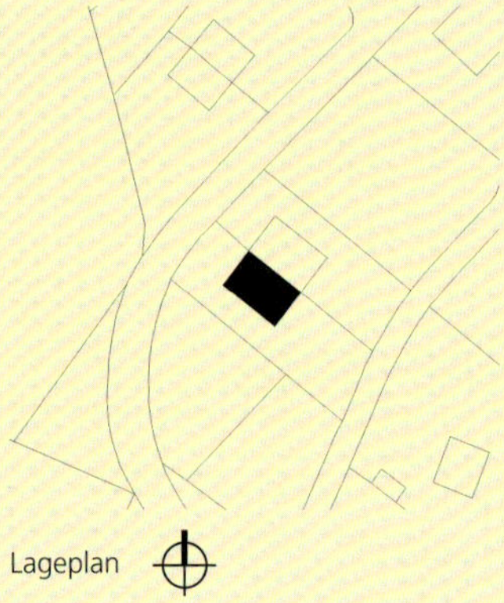

Lageplan

Außen wie gewohnt, innen ungewohnt

Die Eckpunkte der Planung standen unverrückbar fest: Was das Aussehen der Doppelhaushälfte betraf, die in einem Neubaugebiet unweit des Starnberger Sees entstehen sollte, ließ der Bebauungsplan fast keine Fragen offen. Er schrieb nicht nur eine traditionelle Bauform vor, sondern zudem auch exakte Baukörperabmessungen, Wandhöhe sowie Dachneigung und -überstand. Ausgefallene Ideen mussten sich somit zwangsläufig auf den Innenraum beschränken – was die Architekten dazu nutzten, in der konventionellen Gebäudehülle eine moderne Wohnatmosphäre zu schaffen.

Über drei Ebenen entwickelt sich das Haus auf dem südostgeneigten Grundstück: Wohn-, Koch- und Essbereich liegen im Untergeschoss, Kinder- und Gästezimmer im Erdgeschoss, Schlaf-, Ankleide- und Badbereich der Eltern im ausgebauten Dach. Der Entwurf basiert auf der Idee eines offenen Wohnkonzepts, wobei ein 50 Zentimeter hoher Versatz in allen Geschossdecken die einzelnen Ebenen zoniert. Auf Keller und Flure verzichteten die Architekten zugunsten eines möglichst hohen Anteils an Wohnfläche, sodass die einzelnen Räume umso großzügiger ausfallen konnten.

Bei der Bauausführung wurden traditionelle und moderne Elemente miteinander kombiniert. Die Außenwände sind aus Ziegelmauerwerk und dunkel verputzt, der zwischensparrengedämmte Dachstuhl hat eine Deckung aus Betondachsteinen. Für das besondere Erscheinungsbild des kleinen Hauses sorgen integrierte Fassadenelemente aus witterungsbeständigen Echtholzfurnierplatten, lasierte Lärchenlatten formen die vorgeschriebenen Dachüberstände. Farblich dazu abgestimmt sind die Aluminiumfenster in teils stehenden, teils liegenden Formaten mit grüner Sonnenschutzverglasung.

Sichtbeton findet sich als Gestaltungselement bei Decken, Wandträgern und Treppen im ganzen Haus wieder. Sogar die Kochinsel wurde als massiver Block gegossen. Glas kam nicht nur als Wandbekleidung oder Treppengeländer zum Einsatz: Begehbare Elemente, die in die Geschossdecken eingelassen sind, sorgen für Transparenz und ungewohnte Ein- und Ausblicke. Irritierend anders wirkt auch das Kiesbett, das im Elternbad einen Teil des Bodenbelags ersetzt. Zu dieser eher kühlen Optik setzen Materialien mit warmen Oberflächen und Farben – wie beispielsweise das Akazienparkett und die verputzten, in einem Sandton gestrichenen Innenwände – warme Kontraste. Eine Fußbodenheizung sorgt für angenehme Temperierung, Solarkollektoren auf dem Dach unterstützen die Warmwasserbereitung.

▮ Der konventionelle Satteldachtypus – neu interpretiert: Lasierte Lärchenlatten bilden den Dachüberstand, Fassadenelemente aus Holzfurnierplatten und versetzt angeordnete Fenster sorgen für ein ungewohntes Erscheinungsbild.

▮ Auf der Gartenseite im Südosten fällt das Licht durch deckenhohe Glasfronten ins Innere.

Auch der massive Küchenblock wurde aus Beton gegossen und bildet einen reizvollen Kontrast zu den dunklen Einbaumöbeln aus Wengenholz.

Begehbares Glas sorgt für Transparenz und Sichtbeziehungen zwischen den einzelnen Ebenen. Ein Blickfang im Eingangsbereich ist die Geschossdecke aus grüner Dreifachverglasung.

Der offene Wohn-, Koch- und Essbereich im Hanggeschoss lässt sich über eine dreiteilige Schiebetür ins Freie öffnen. Der Materialmix aus Holz, Sichtbeton und Glas bestimmt den Innenraumeindruck.

Büroprofil

ads architektur & design gbr
Am Fuchsbogen 9
D-82256 Fürstenfeldbruck
Studienort: Dipl.-Ing. Architekt Jürgen Schwarz/ Dipl.-Ing. Frank Schlosser: FH München/FH Bremen; FH Münster
Bürogründung: 2001
Anzahl der Mitarbeiter: 4–6

Gebäudedaten

Grundstücksgröße: 499 m^2
Wohnfläche: 193 m^2
Zusätzliche Nutzfläche: 19 m^2
Anzahl der Bewohner: 3
Bauweise: Massivbau (Ziegel)
Baukosten je m^2 Wohn- und Nutzfläche: 1.038 Euro
Baukosten gesamt: 220.000 Euro
Heizwärmebedarf: 56,9 kWh/m^2a
Primärenergiebedarf: 84,2 kWh/m^2a
Fertigstellung: 2005

Dachgeschoss
M 1:200

1 TV-Zimmer
2 Sauna
3 WC mit Glasboden
4 Elternbad
5 Kiesfläche
6 Schlafen
7 Ankleide
8 Stauraum

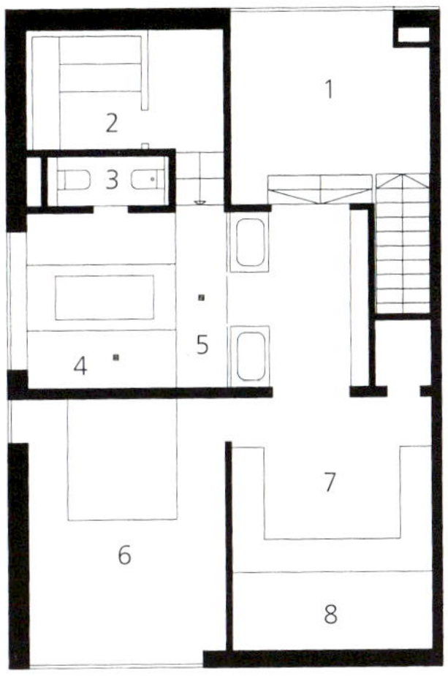

▮ Im Elternbad im Dachgeschoss setzen kleinteilige Mosaikfliesen in unterschiedlichen Brauntönen Akzente.

Erdgeschoss
M 1:200

1 Eingang
2 Gäste
3 Glasboden
4 Gäste-WC
5 Kinderbad
6 Kind
7 Bibliothek/Kind

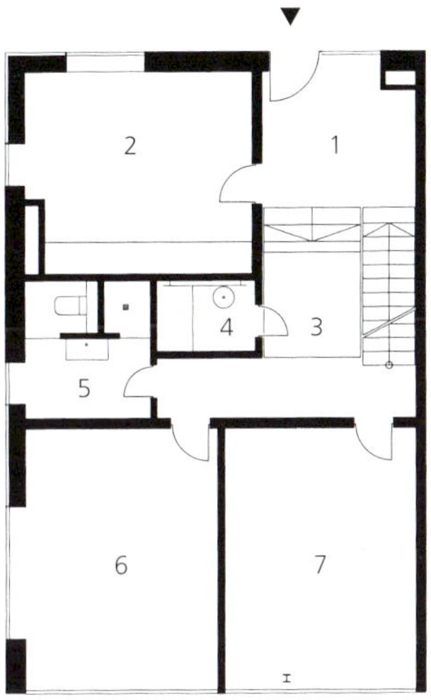

Hanggeschoss
M 1:200

1 Abstellraum
2 Weinkeller
3 Technik
4 Kochen
5 Wohnen, Essen
6 Kamin
7 Terrasse

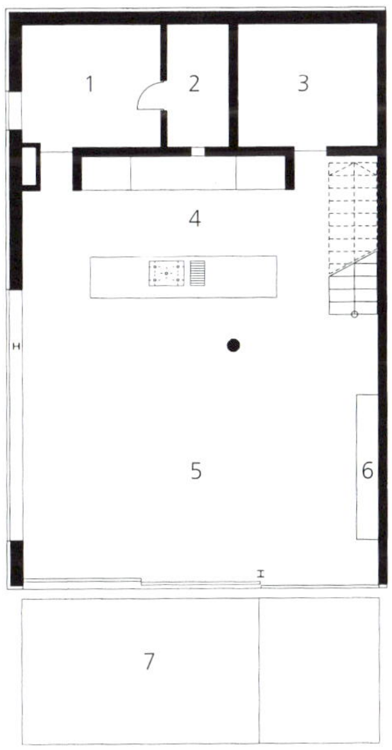

Schnitt
M 1:200

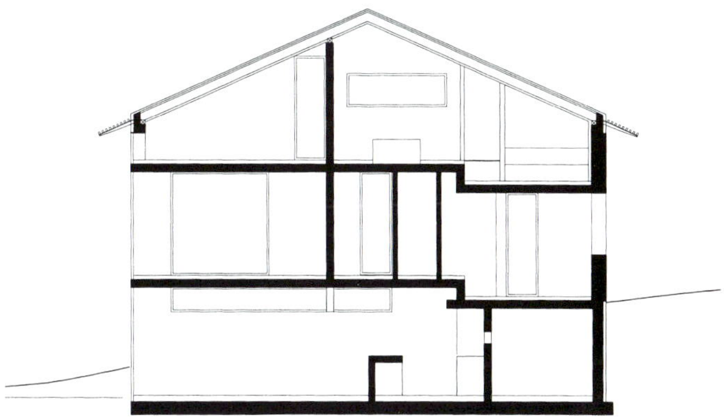

Anerkennung: **Biehler Weith Associated, Konstanz**

I **Stadtvilla in Konstanz**

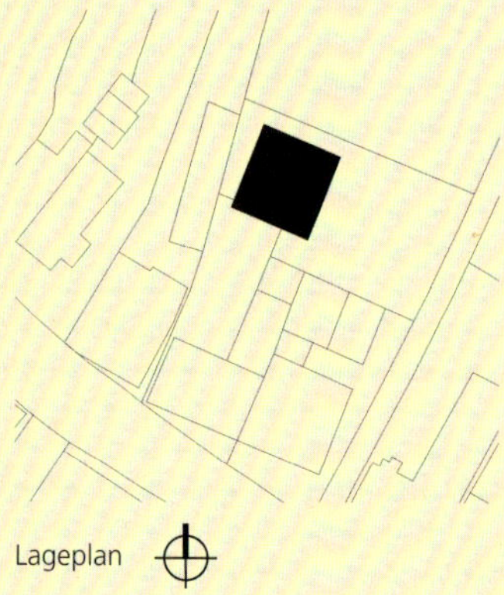

Lageplan

Ein guter Dreh

Ein kreatives Konzept für ein Doppelhaus, das zwar als Mietobjekt gedacht war, aber keinesfalls von der Stange sein sollte – mit diesem Wunsch trat die Bauherrin an die Architekten heran. Das Grundstück in Konstanz, im Ortsteil Wollmatingen, bot den Planern allerdings wenig Spielraum für ausgefallene Ideen. Nach hinten versetzt, liegt es in zweiter Häuserreihe, mit einem leichten Gefälle nach Süden. Die Auflagen des Bebauungsplans waren streng – die Platzierung des Gebäudes auf dem Grundstück, seine Grundfläche und seine Abmessungen waren genau festgelegt. Und auch noch andere Vorgaben galt es zu berücksichtigen: Der Obstgarten mit einem alten Nussbaum sollte freigehalten werden und die mächtige Blutbuche im Norden durfte nicht angetastet werden.

Obwohl es an Platz fehlte, gelang es den Architekten dennoch, hier mit Fantasie und geschickter Planung viel Wohnraum zu schaffen. Anstelle eines klassisch gereihten Doppelhauses entwarfen sie in freier Neuinterpretation der Bauaufgabe ein ungewöhnliches Gebäude mit einer geschossweise verdrehten Raumorganisation. Auf diese Weise entstanden, den Vorstellungen der Bauherrin entsprechend, zwei gleichwertige Häuser inklusive Einliegereinheiten. In dem Steinkubus umklammert nun jede Einheit die andere, sodass beide Häuser Sichtbezüge in alle vier Himmelsrichtungen haben.

Ein eingeschnittener Tiefhof verbindet den Neubau mit einem alten Nachbargebäude auf der Südwestseite. Von dieser Ebene aus werden die Nord-Süd-gerichteten Einliegereinheiten erschlossen. Diese kleinen Apartments lassen sich bei Bedarf mit den darüber liegenden Wohnungen verbinden – und beispielsweise als zusätzlicher Arbeitsbereich nutzen. Das Erdgeschoss ist um 90 Grad gedreht, Ost-West-orientiert und wird über die vorgelagerten Eingangspodeste im Norden beziehungsweise Süden betreten. Die oberste Ebene wiederum rückt weiter im Uhrzeigersinn nach rechts, sodass die Zimmer auf der Südseite über großzügige Verglasungen und Loggien das Sonnenlicht einfangen können.

Die rotbraune Klinkerfassade des massiven Kubus' nimmt im Farbton Bezug auf die nahe stehende Blutbuche und die Dächer der umliegenden Bebauung, sodass sich Architektur und Natur harmonisch miteinander verbinden. Dabei wurden zwei unterschiedliche Mauerwerksverbände für die beiden Hauseinheiten gewählt. Die zunächst höheren Material- und Baukosten hierfür amortisieren sich auf lange Sicht, da die Backsteinfassade nahezu keiner Wartung bedarf.

Auf den ersten Blick ist nicht zu erkennen, dass es sich hier um ein Doppelhaus handelt: Statt klassischer Reihung setzen die Architekten auf geschossweise Drehung, um beide Einheiten optimal belichten zu können.

▌Helle Steinzeugfliesen, Glasbrüstungen und weiß gestrichene Wände lassen den Erschließungsflur im Dachgeschoss großzügig wirken.

▌Der Wohnbereich im Erdgeschoss erweitert sich im Osten über vorgelagerte Podeste in den Garten. Eine deckenhohe Glasfront rückt den alten Nussbaum ins Blickfeld.

▌Die Einliegerapartments im Souterrain werden separat über den kleinen Innenhof im Südwesten erschlossen.

▌Blick auf die Westseite. Die unterschiedlichen Dachneigungen folgen der inneren Struktur. Wechselnde Mauerwerksverbände differenzieren die Wohneinheiten zusätzlich nach außen hin.

Büroprofil

Biehler Weith Associated
Building Design Projects
Rosgartenstraße 10
D-78462 Konstanz
www.biehler-weith.de
Projektarchitekten: Christoph Biehler, Ralf Heinz Weith, Markus Doleschal

Studienort: Christoph Biehler/ Ralf Heinz Weith: FH Konstanz; University of Central England, Birmingham
Bürogründung: 2001
Anzahl der Mitarbeiter: 1

Gebäudedaten

Grundstücksgröße: 779 m^2
Wohn- und Nutzfläche: 378,2 m^2
Anzahl der Bewohner: 7–8
Bauweise: Massivbau (zweischaliges Ziegelverblendmauerwerk mit Kerndämmung)
Baukosten je m^2 Wohn- und Nutzfläche: 1.433 Euro
Baukosten gesamt: 542.000 Euro
Heizwärmebedarf: 67 kWh/m^2a
Primärenergiebedarf: 104,3 kWh/m^2a
Fertigstellung: 2005

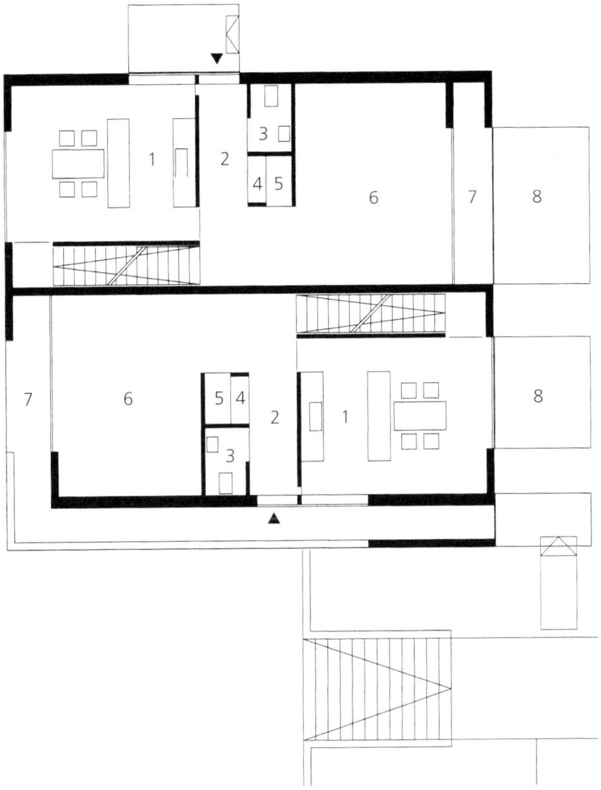

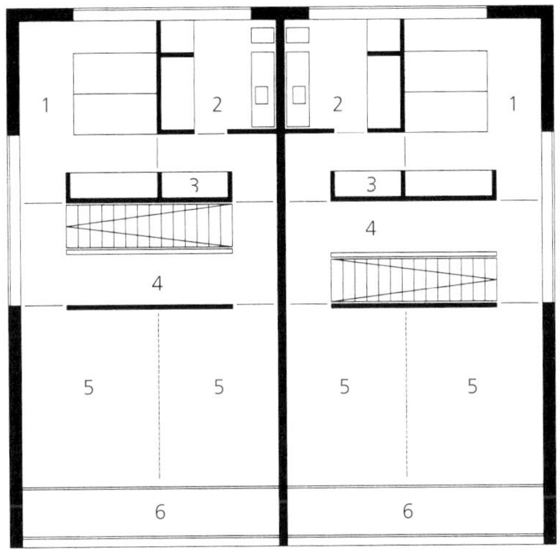

Erdgeschoss
M 1:200

1 Kochen, Essen
2 Flur
3 Gäste-WC
4 Garderobe
5 Abstellraum
6 Wohnen
7 Loggia
8 Terrasse

Dachgeschoss
M 1:200

1 Schlafen
2 Bad
3 Stauraum
4 Diele
5 Zimmer
6 Loggia

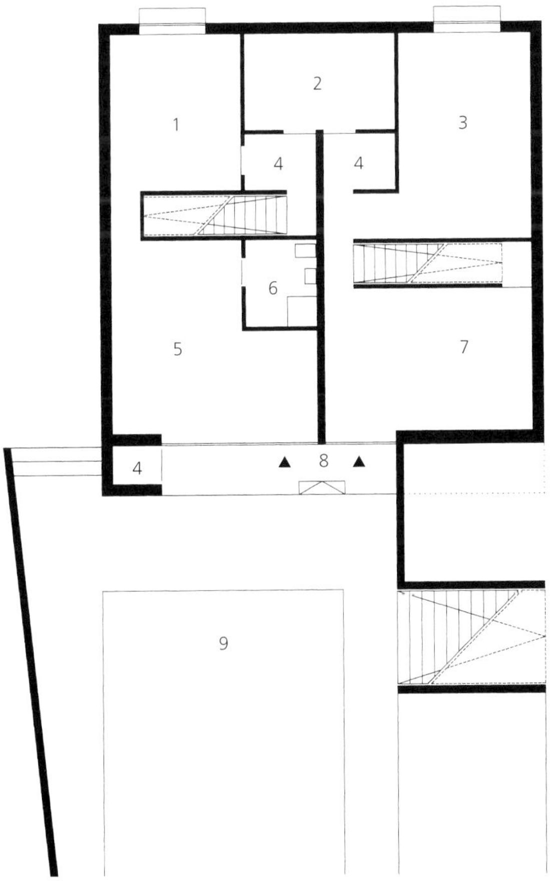

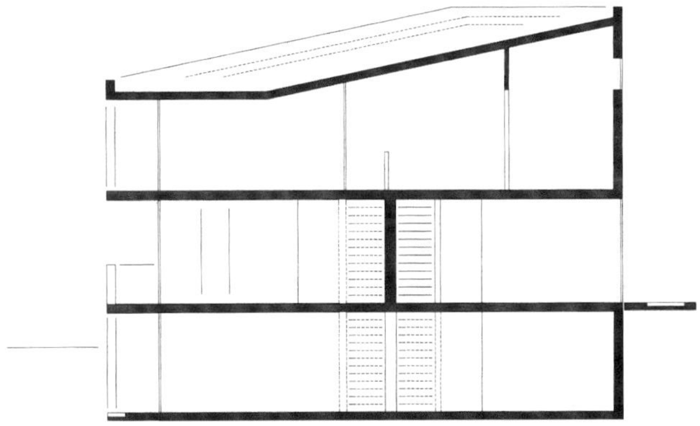

Hofgeschoss
M 1:200

1 Zimmer
2 Technik
3 Archiv
4 Lager, Abstellraum
5 Wohnen
6 Bad
7 Arbeiten
8 Zugang Loggia
9 Hofgarten

Schnitt
M 1.200

I Einfamilienhaus in Lörrach

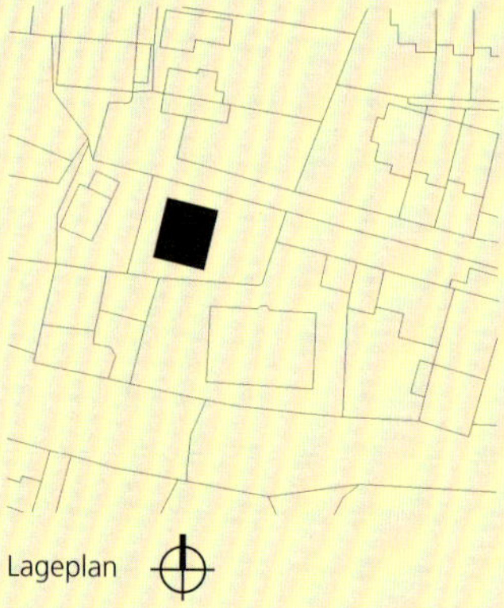
Lageplan

Bescheidenheit als Zier

Keine pompöse Villa, keine Aufsehen erregende Architektur: Die Bauherren wünschten sich ganz einfach ein „bescheidenes" Haus. Dementsprechend war auch die Wahl des Grundstücks im historischen Kern des Lörracher Ortsteils Stetten – ein relativ kleines Areal in teils dörflicher Nachbarschaft. Die beengte Situation sowie die Auflagen des Bebauungsplans gaben die Rahmenbedingungen vor, aus denen sich der Entwurf entwickelte: ein kompaktes Haus, das sich selbstbewusst in seine heterogene Umgebung einfügt.

Mit seiner Kubatur greift das Gebäude die Vorgaben des Bebauungsplans auf und spiegelt in Form und Gestalt den Archetyp eines Hauses wider. Diese „Urform" ist auch das Leitmotiv des Entwurfs und wird in einen schlichten Baukörper auf knapper Rechteckgrundfläche mit steil geneigtem Dach übertragen. Durch die Ausbildung der Details, wie etwa der Titanzinkeindeckung ohne Dachüberstände, der Metall-Falt-Schiebeläden oder des graphitfarbenen Glattputzes, gelingt den Architekten jedoch trotz Anpassung an die planungsrechtlichen und baulichen Vorgaben eine zeitgemäße Neuinterpretation dieses Typus´.

Bei allem Understatement nach außen legten die Bauherren im Inneren sehr viel Wert auf Großzügigkeit und Detailqualiät. So galt es, innerhalb der Grundfläche von 10 x 11 Metern ein optimales Raumkontinuum mit angenehmer Wohnatmosphäre zu schaffen. Die Räume gehen im Erdgeschoss mit dem Wohn-, Koch- und Essbereich offen ineinander über und werden durch die klaren Strukturen der Unterzüge optisch gefasst. Teils zweigeschossige Raumdurchdringungen sorgen für Großzügigkeit und vielfältige Sichtbeziehungen. Im symmetrisch aufgeteilten Obergeschoss befinden sich drei gleichwertige Schlafzimmer sowie Bad und Ankleide, das ausgebaute Dachgeschoss bietet Platz für einen separaten Gästebereich und ein Studio.

Der Kostenrahmen war so eng, dass die Architekten darauf achteten – ohne auf Ausbauqualitäten zu verzichten –, durch Vereinfachungen und Wiederholungen von Details Einsparungen zu erzielen. Dabei kamen wenige, aber ausgesuchte Materialien zum Einsatz. Beispielsweise sind nahezu alle Fenster sowie die speziell entwickelten Faltläden aus Stahlrahmen mit Streckmetallfüllungen im gleichen Maß. Die kompakte Bauform und die hohe Speicherqualität der Außenmauern – 36,5 Zentimeter Planziegel aus Poroton – tragen mit dazu bei, den Heizwärmebedarf zu senken, sodass die Bauherren, zunächst auch aus Kostengründen, auf Solar- oder Fotovoltaikanlagen verzichteten.

▌Mit seinem steil geneigten Satteldach und der grauen Putzfassade fügt sich das Haus zurückhaltend in seine Umgebung ein.

▌Mit minimalen Mitteln gelingt es den Architekten, den Archetyp Haus neu zu interpretieren: Bodentiefe Fenster mit Stahlfaltläden und eine Dachdeckung aus Titanzink geben dem Bau ein modernes Aussehen.

Die Räume gehen im Erdgeschoss offen ineinander und werden durch die klaren Strukturen der Unterzüge optisch gefasst. Dunkler Parkettboden und helle Wände sorgen für eine angenehme Wohnatmosphäre.

Horizontal und vertikal ergeben sich vielfältige Sicht- und Raumbezüge, die immer wieder auch Verbindungen zwischen Innen und Außen herstellen.

Büroprofil

wilhelm und partner
Freie Architekten BDA
Am Unteren Sonnenrain 4
D-79539 Lörrach
www.wilhelm-partner.com
Studienort: Dipl.-Ing. Barbara Wilhelm BDA DWB/ Prof. Dipl.-Ing. Fritz Wilhelm BDA DWB/Dipl.-Ing. Frank Hovenbitzer, M.A.: TH Stuttgart/TH Stuttgart/ FH Köln, RWTH Aachen; Universität Stuttgart; HfG Karlsruhe
Bürogründung: 1963, seit 2000 wilhelm und partner
Anzahl der Mitarbeiter: 8

Gebäudedaten

Grundstücksgröße: 380 m²
Wohnfläche: 220 m²
Zusätzliche Nutzfläche: 80 m²
Anzahl der Bewohner: 3
Bauweise: Massivbau (Poroton)
Baukosten je m² Wohn- und Nutzfläche: 1.100 Euro
Baukosten gesamt: 330.000 Euro
Heizwärmebedarf: 51 kWh/m²a
Primärenergiebedarf: 84,5 kWh/m²a
Fertigstellung: 2004

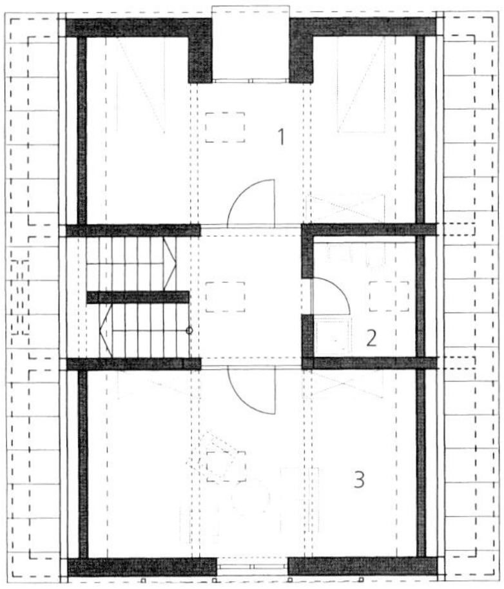

Dachgeschoss
M 1:200

1 Gäste
2 Dusche, WC
3 Studio

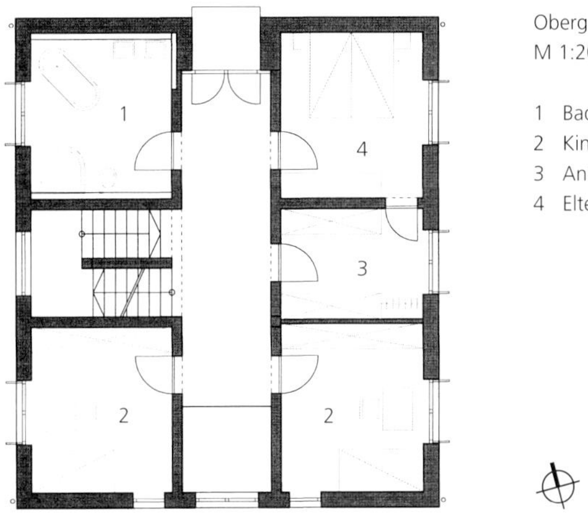

Obergeschoss
M 1:200

1 Bad
2 Kind
3 Ankleide
4 Eltern

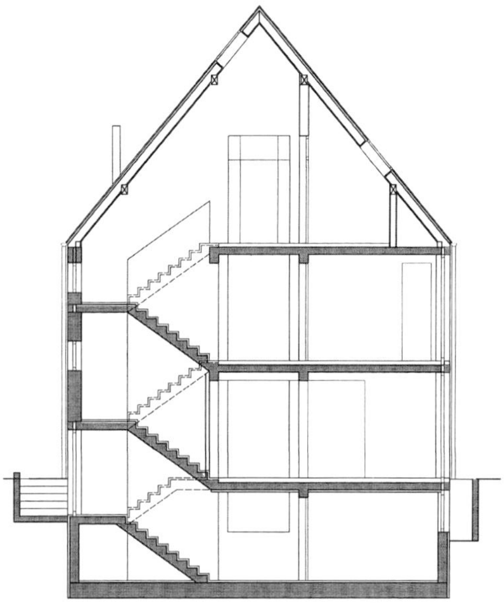

Schnitt
M 1:200

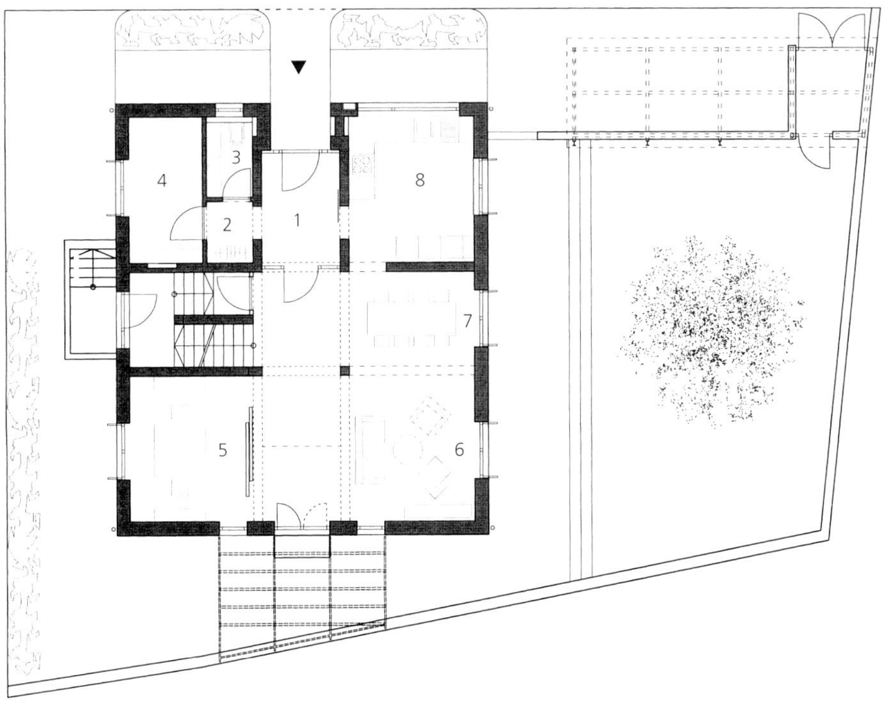

Erdgeschoss
M 1:200

1 Windfang
2 Garderobe
3 WC
4 Hauswirtschaft
5 Arbeiten
6 Wohnen
7 Essen
8 Küche

Wohnbox in Linz

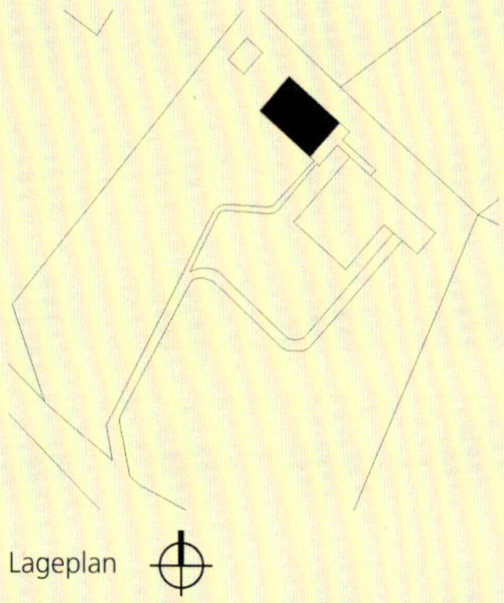

Lageplan

Zuwachs in Zitronengelb

Experimentierfreude und Erfindungsreichtum sind das Markenzeichen der jungen Wiener Architektengruppe Caramel, deren Wohnideen ebenso unkonventionell sind wie die Häuser, die daraus entstehen. Auch mit dieser originellen Wohnbox am Linzer Pöstlingsberg stellt das Team seine Kreativität erneut unter Beweis. Der Auftrag lautete, einen Erweiterungsbau für eine allein erziehende Mutter mit Kind neben dem bestehenden Altbau auf dem elterlichen Grundstück zu errichten. Schlicht und einfach – und vor allem möglichst billig sollte das neue Domizil werden.
Die Architekten entwarfen eine minimalistische Box, die in ihrem Inneren erstaunlich geräumig und komfortabel wirkt. Auf nur 60 Quadratmetern bietet sie alles, was man zum Wohnen braucht: einen großzügigen, offenen Wohn-, Koch- und Essbereich sowie zwei separate Schlafräume. In einem gläsernen, 2 Meter hohen Kubus, der frei in den Raum gestellt ist, sind die Sanitäreinrichtungen untergebracht. Dabei fand sich sogar hier noch eine pfiffige Lösung für einen weiteren Schlafplatz: Das Dach der Badebox dient bei Bedarf zugleich auch als Gästebett.
Beim Entwurf achteten die Architekten auf ein wirtschaftliches Konstruktionssystem, was nicht nur zur Verkürzung der Bauzeiten, sondern auch zur deutlichen Kostensenkung beitrug. Das Gebäude ist ein hoch wärmegedämmter Holzrahmenbau, der über Stahlträger mit Linienfundamenten verbunden ist. Dessen Abmessungen und Konstruktionsraster sind exakt auf die Liefermaße der Grobspanplatten ausgelegt. Die teilvorgefertigten Elemente konnten in wenigen Tagen auf das Fundament und die zuvor montierten Stahlträger aufgesetzt werden. Die Außenhaut der Wohnbox besteht aus einer robusten, glasfaserverstärkten PVC-Membran: gelber Lastwagenplane.
Über eine kleine Terrasse, die sich an der Schmalseite wie eine Schublade aus dem Gebäude herausschiebt, gelangt man zum Eingang. Im Süden ist die Fassade komplett verglast, drei Aluminiumflügeltüren liegen bündig in der Front. Sie öffnen sich zum Tal, zur schönen Aussicht und beziehen den Garten in das Wohnerlebnis mit ein. Das Haus ist ganz bewusst nicht für die Ewigkeit konzipiert. Je nach individuellen Bedürfnissen und künftiger Lebenssituation kann es entweder ganz einfach entfernt oder auch erweitert werden. Als Bauplatzreserve dient eine nahe stehende Gartenhütte. Ein gestalterisch anspruchsvolles und flexibles Konzept für wenig Geld – damit haben die Architekten ganz den Zeitgeist getroffen.

▌Living in a box: Der kleine, minimalistische Erweiterungsbau thront auf einer Hügelkuppe und bietet auf nur 60 Quadratmetern Fläche alles, was man zum Wohnen braucht.

▌Die Leichtbaubox lagert auf Stahlträgern, die mit dem Fundament verbunden sind – und wirkt dadurch ein bisschen abgehoben.

▮ Von der holzbeplankten Eingangsterrasse an der Schmalseite hat man bei schönem Wetter einen herrlichen Blick ins Tal.

▮ Die zitronengelbe Außenhaut aus Lastwagenplane überzieht Dach und Wände des Hauses, sodass es wie aus einem Guss erscheint.

Büroprofil

Caramel architekten ZT-gmbh katherl.haller.aspetsberger
Schottenfeldgasse 72/II/3
A-1070 Wien
www.caramel.at
Studienort: Günter Katherl/ Martin Haller/Ulrich Aspetsberger: TU Wien; University of Michigan/ TU Innsbruck/ TU Wien
Bürogründung: 2000
Anzahl der Mitarbeiter: 10

Gebäudedaten

Grundstücksgröße: ca. 3.000 m² (zusammen mit Altbau)
Wohn- und Nutzfläche: 60 m²
Anzahl der Bewohner: 2
Bauweise: Holzrahmenbau
Baukosten je m² Wohn- und Nutzfläche: 1.000 Euro
Baukosten gesamt: 60.000 Euro
Heizwärmebedarf: 40 kWh/m²a
Primärenergiebedarf: keine Angaben
Fertigstellung: 2004

▮ Gläserne Türen sorgen dafür, dass nirgendwo ein beengtes Gefühl entsteht. Ein deckenhoher Spiegel im Schlafraum an der Westwand verlängert die Raumflucht optisch.

▮ Der Wohnraum ist auf der Talseite vollständig verglast und orientiert sich ganz zur schönen Aussicht. Ein aufgespanntes Stoffsegel schützt vor der einfallenden Südsonne.

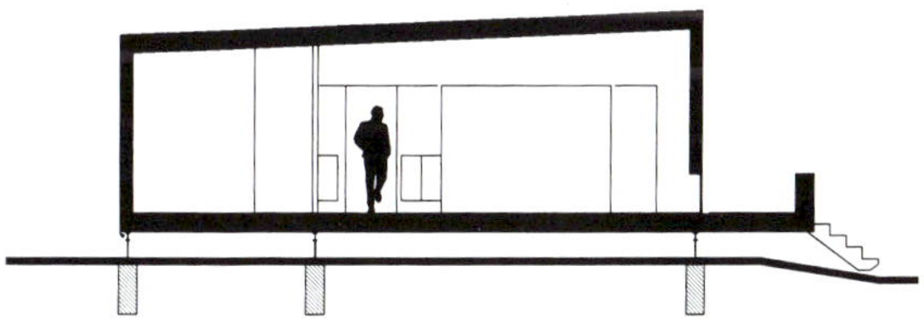

Erdgeschoss
M 1:200

1 Eingang, Garderobe
2 WC
3 Bad
4 Wohnen, Essen
5 Kochen
6 Schlafen
7 Kind

Schnitt
M 1:200

Anerkennung: **x architekten mit Monika Liebmann, Linz und Wien**

I Einfamilienhaus in Irdning

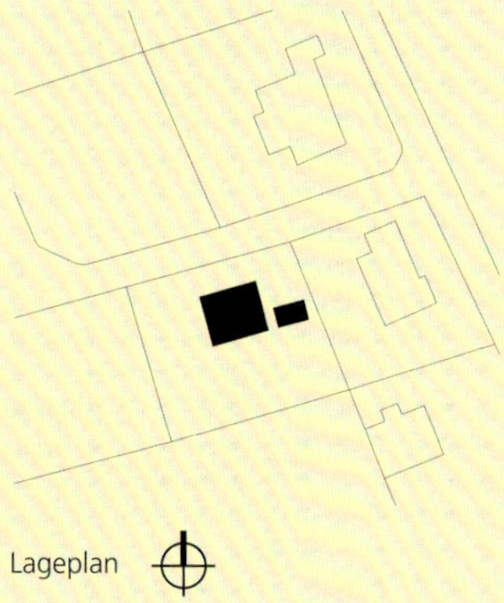

Lageplan

Innere Größe

Im Ennstal in der Steiermark, unweit des Irdninger Ortszentrums, entstand dieses kleine Einfamilienhaus. Das knappe Budget bewog die Bauherren dazu, auf einen Keller zu verzichten und stattdessen auf der Ostseite, im Anschluss an den Carport, ein Nebengebäude als Lager vorzusehen. Das Wohnhaus selbst wurde aus vorgefertigten, hoch wärmegedämmten Holzriegelwänden auf eine massive Fundamentplatte gestellt. Aus Energie- und Kostengründen wählten die Architekten dabei eine kompakte, nahezu quadratische Grundrissform.

Von außen betrachtet erinnert der schlichte satteldachgedeckte Baukörper an den Typus des Ennstaler Stadels. Die Stirnseiten sind mit Lärchenholzleisten verschalt, an der Nord- und Südfassade hingegen zieht sich die Dachhaut aus Aluminiumblech bis zum Boden. In der silbrigen Hülle spiegelt sich die umgebende Natur wider, sodass der Bau mit der Landschaft zu verschmelzen scheint: Im Winter bei Schnee verschwindet er fast, im Sommer wird er vom wechselnden Licht in unterschiedliche Farben getaucht und schimmert mal grün, mal blau.

Über eine Eingangsnische im Osten betritt man das Haus. Trotz seiner geringen Abmessungen wirkt das Innere erstaunlich offen und großzügig, was nicht zuletzt an der geschickten Grundrissorganisation liegt. Das Erdgeschoss wird lediglich durch eine von beiden Seiten zu bedienende Schrankwand gegliedert, die zugleich viel Stauraum bietet. Entlang der Nordseite reihen sich in einer schmalen Nebenraumzone Garderobe, WC, Technik und Gästezimmer aneinander. Nach Süden orientiert liegt der zusammenhängende Wohn-, Koch- und Essbereich, der nur durch die einläufige Treppe optisch unterteilt wird. Mit einer deckenhohen Glasfront öffnet er sich auf die vorgelagerte Terrasse und in den Garten. Durch ein Fenster an der Westseite blickt man auf die malerische Bergkulisse des Grimmings.

Im Obergeschoss werden alle Räume über einen breiten Gang erschlossen, der sich im Westen zur Loggia hin öffnet. Auch hier dienen Schrankwände als Raumteiler: Man betritt die beiden Kinderzimmer und das Büro über diese multifunktionalen Einbauelemente. Das Elternschlafzimmer auf der anderen Flurseite orientiert sich zur Loggia, mit Blick Richtung Berg. Für sämtliche Einbauten, Boden und Treppe verwendeten die Architekten geöltes Eichenholz, was zu einem harmonischen Gesamteindruck beiträgt. Dass sie trotz des engen Kostenrahmens dabei viel Wert auf Detail- und Ausführungsqualität legten, ist nicht zu übersehen.

Mit seiner schlichten äußeren Form orientiert sich das zweigeschossige Satteldachhaus am Bautypus des Ennstaler Stadels. Die Stirnseiten sind mit einer Lärchenholzlattung verkleidet.

Die Dachhaut aus Aluminiumblech reicht auf beiden Seiten bis zum Boden und lässt den Baukörper je nach Tages- und Jahreszeit in unterschiedlichen Farben schimmern.

▮ Die kühle, silbrig schimmernde Aluminiumhülle bildet einen spannungsvollen Materialkontrast zum warmen, hellen Braunton des Holzes.

▮ Selbst unter der Treppe ist noch Platz für einen kleinen Abstellraum. Anstelle eines Geländers dient eine Bespannung aus Segelschnüren als Absturzsicherung.

▮ Die Loggia vor dem Elternzimmer bietet einen geschützten Aufenthaltsbereich im Freien – und bei schönem Wetter einen herrlichen Blick auf den Grimming.

▮ Im Wohnraum ist jeder Zentimeter optimal genutzt. Eine durchgehende Schrankwand trennt die Nebenraumzone ab und bietet zusätzliche Stauflächen.

Büroprofil

x architekten
mit Monika Liebmann
(Projektpartnerschaft)
Industriezeile 36/4
A-4020 Linz
Gumpendorferstraße 63g/15
A-1060 Wien
www.xarchitekten.com

Studienort: Bettina Brunner/Rainer Kasik/ Lorenz Prommegger/ David Birgmann/ Max Nirnberger: TU Graz
Monika Liebmann: Kunstuniversität Linz
Bürogründung: 1998
Anzahl der Mitarbeiter: 2

Gebäudedaten

Grundstücksgröße: 900 m²
Wohn- und Nutzfläche: 146 m²
Anzahl der Bewohner: 3
Bauweise: Holzriegelbau
Baukosten je m² Wohn- und Nutzfläche: 1.233 Euro
Baukosten gesamt: 180.000 Euro
Heizwärmebedarf: 50 kWh/m²a
Primärenergiebedarf: keine Angaben
Fertigstellung: 2004

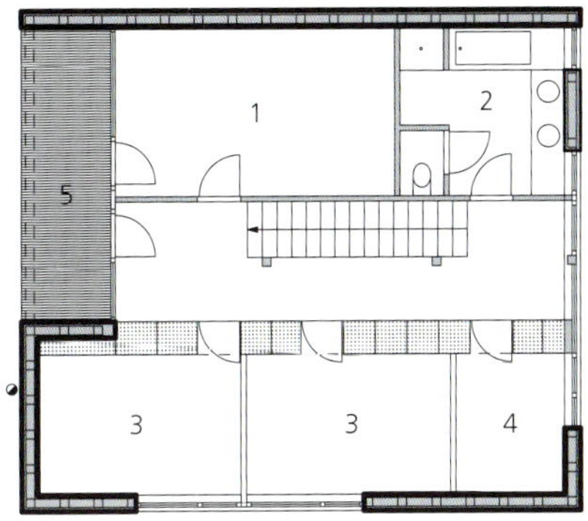

Obergeschoss
M 1:200

1 Eltern
2 Bad
3 Kind
4 Büro
5 Loggia

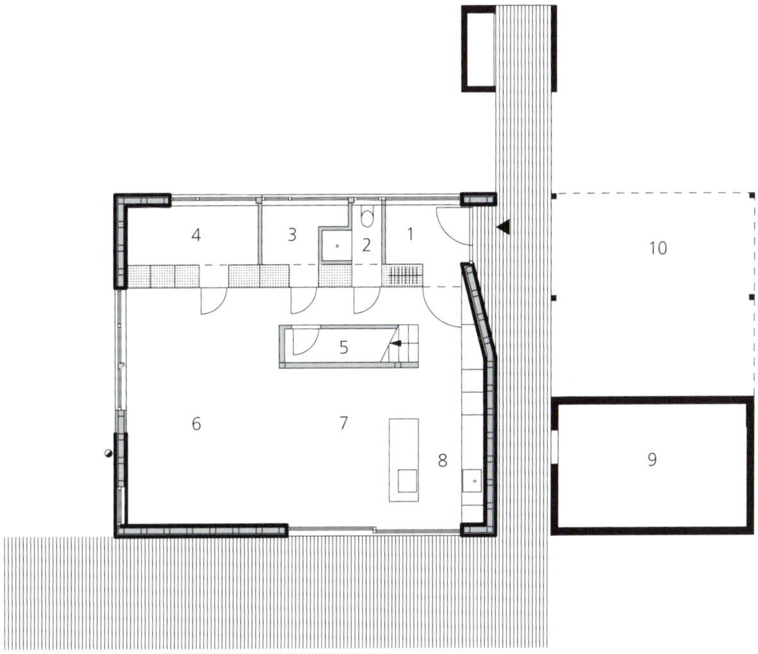

Erdgeschoss
M 1:200

1 Windfang, Garderobe
2 Dusche, WC
3 Technik
4 Gast
5 Abstellraum
6 Wohnen
7 Essen
8 Kochen
9 Lager
10 Carport

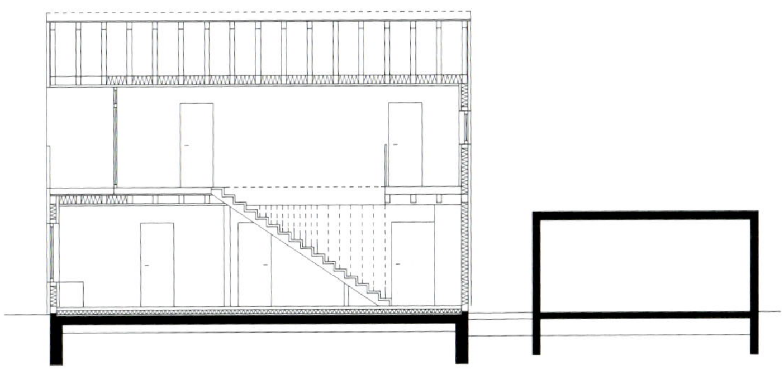

Schnitt
M 1:200

▌Küche und Essplatz gehen offen ineinander über und sind nur durch eine frei stehende Wandscheibe vom Treppenhaus getrennt.

Einfamilienhaus in Domat/Ems

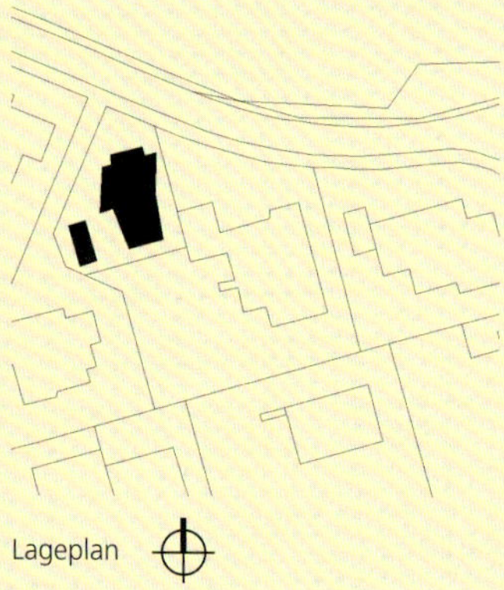

Lageplan

Introvertiert

An dem Sichtbetonhaus aus den 1970er Jahren, das die Bauherren hier bewohnten, war eigentlich nichts auszusetzen. Ganz im Gegenteil: Der Baustil erinnerte ein bisschen an die Architektur Frank Lloyd Wrights und gefiel seinen Bewohnern nach wie vor sehr gut. Auf Dauer war das Haus für zwei Personen jedoch viel zu groß. Sowohl aus finanziellen als auch Altersgründen entschlossen sie sich, ein kleineres, architektonisch ebenso anspruchsvolles Gebäude auf dem gleichen Grundstück zu errichten. Für den Architekten, dem damit die Aufgabe zukam, das neue Domizil für seine Eltern zu entwerfen, wurde es zur besonderen Herausforderung, ein Haus zu konzipieren, das neben dem Altbau bestehen kann, ohne ihm zu nahe zu treten und seine Qualitäten zu mindern.

Das Wohngebäude entwickelt sich aus den spezifischen Besonderheiten des Ortes sowie der Form der Restparzelle: Eine Schale aus eingefärbtem Sichtbeton umgibt ein introvertiertes Erdgeschoss mit einem atriumähnlichen Außenbereich und bildet zugleich die räumliche Grenze zum verkauften Grundstücksteil. Damit entsprach der Architekt auch dem lang gehegten Wunsch der Bauherrin nach einem Atriumhaus. Zwar war die Umsetzung bei der geringen Grundstücksgröße nicht ganz möglich. Der kleine Innenhof jedoch kommt dieser Vorstellung sehr nah. Aus der Betonschale ragt das verglaste Obergeschoss mit Außenbezug zu Tuma und Tal, das von einer hinterlüfteten, silbrig schimmernden Aluminiumverkleidung umhüllt ist.

Im Erdgeschoss gruppieren sich Wohnraum und Essplatz um den Innenhof, während Küche und Gästezimmer zur Straße ausgerichtet sind. Das Obergeschoss teilt sich in den Schlaftrakt an der Nordwestseite mit einer frei im Raum stehenden Badewanne und einem durch eine Schiebetür abteilbaren Bad sowie einen offenen Arbeitsbereich im Süden auf, der über einen Luftraum mit dem darunter liegenden Wohnbereich verbunden ist.

Die Materialien im Innern folgen der Logik des Grundkonzepts: Die Decken sowie die tragenden Betonwände sind weiß gestrichen. Bei den Vorsatzschalen, also den Bereichen der Innenisolation, die das Gebäude auskleiden, wurde der Gipsputz hingegen roh belassen und bildet mit dem hellen Anhydridboden eine optische Einheit. Details werden dem räumlichen Gesamtkonzept untergeordnet – gute Architektur macht sich schließlich nicht an teuren Materialien und Oberflächen fest, so lautet das Motto des Planers zum Kosten sparenden Bauen. Und: lieber Kontraste von Edlem und Günstigem als lauter Mittelmaß.

▌Aus der massiven Sichtbeton-betonschale, die den Baukörper im Erdgeschoss wie eine schützende Hülle umgibt, scheint das transparente Obergeschoss herauszuwachsen.

▌Der Materialkontrast von Beton, Glas und Aluminium charakterisiert die Fassade an der Eingangsseite. Links im Hintergrund ist der Altbau aus den 1970er Jahren zu erkennen.

Büroprofil

Philipp Wieting – Werknetz Architektur
Seebahnstraße 85
CH-8003 Zürich
www.werknetz.ch
Projektmitarbeit:
Anna-Rita Stoffel

Studienort: Philipp Wieting, Dipl.-Architekt ETH/SIA: ETH Zürich
Bürogründung: 1999
Anzahl der Mitarbeiter: 2–3

Gebäudedaten

Grundstücksgröße: 323 m^2
Wohnfläche: 145 m^2
Zusätzliche Nutzfläche: 75 m^2
Anzahl der Bewohner: 2
Bauweise: Massivbau
Baukosten je m^2 Wohn- und Nutzfläche: 1.460 Euro
Baukosten gesamt: 321.200 Euro
Heizwärmebedarf: 48,3 kWh/m^{2}a
Primärenergiebedarf: keine Angaben
Fertigstellung: 2004

▮ Links außen: Vom Arbeitsbereich in der oberen Etage geht der Blick Richtung Berge und Tal. Im Gegensatz zum sonst weißen Interieur wurde die Brüstung zum Luftraum in dunkel gebeiztem Eichenholz ausgeführt.

▮ Links: Die Räume im Erdgeschoss gruppieren sich um den kleinen Innenhof hinter der Betonschale auf der Westseite. Die roh belassenen Weißputzwände bilden mit dem hellen Anhydridboden optisch eine Einheit.

▮ Links außen: Die holzverkleidete Wanne steht frei im Schlafraum, der sich mit einer deckenhohen Schiebetür vom Bad abteilen lässt.

▮ Links: Über einen Luftraum ist der Wohnbereich mit dem verglasten Obergeschoss verbunden und erhält zusätzliches Licht.

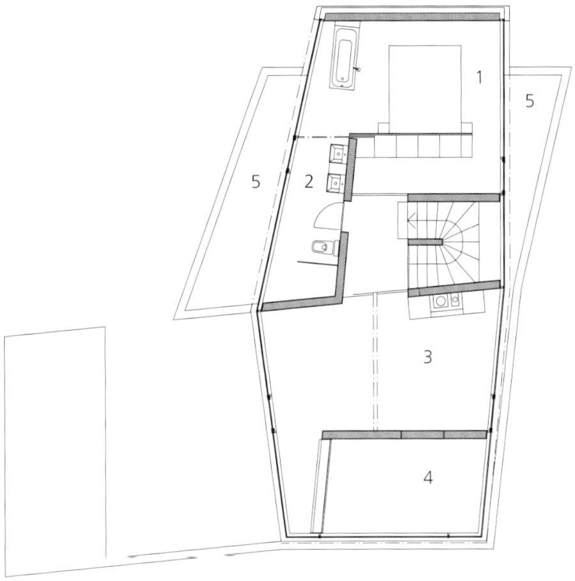

Obergeschoss
M 1:200

1 Schlafen
2 Bad
3 Arbeiten
(unterteilbar in 2 Zimmer)
4 Luftraum
5 Balkon

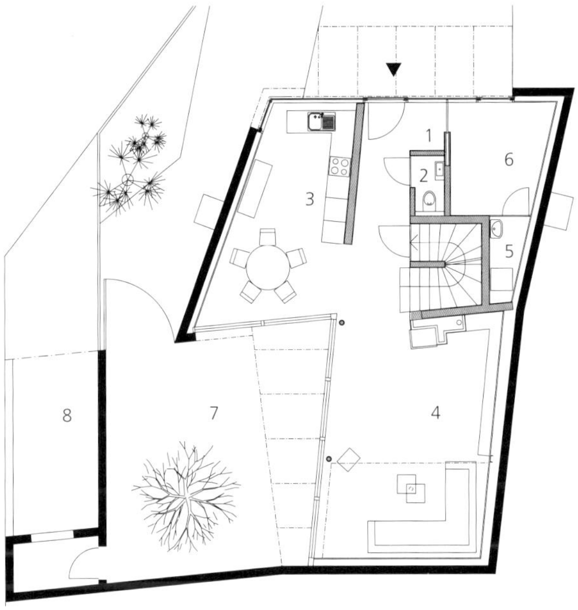

Erdgeschoss
M 1:200

1 Windfang
2 WC
3 Kochen, Essen
4 Wohnen
5 Waschraum
6 Gäste
7 Atrium
8 Carport

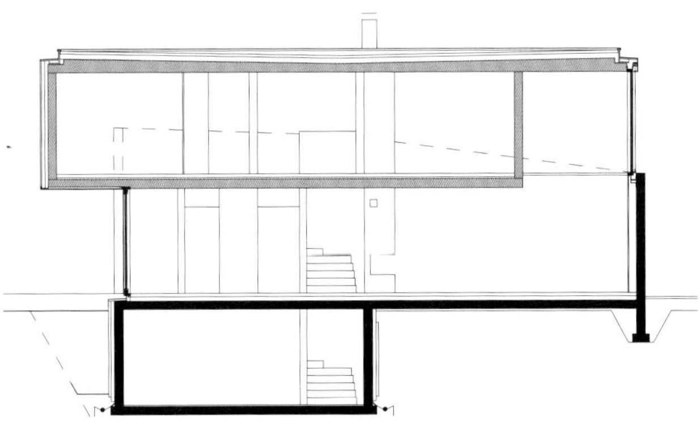

Schnitt
M 1:200

aboa aufbauostarchitekten
Carsten Brunner, Michael Uhlig
Peter-Breuer-Straße 27
D-08056 Zwickau
www.aufbauostarchitekten.de
Seite 80
Fotos: Dietmar Träupmann, Augustusburg

ads architektur & design gbr
Dipl.-Ing. Architekt
Jürgen Schwarz,
Dipl.-Ing. Frank Schlosser
Am Fuchsbogen 9
D-82256 Fürstenfeldbruck
info@ads-ffb.de
Seite 132
Fotos: Florian Holzherr, München

Barth-Architekten
Werner Barth
Freier Architekt BDA
Neue Straße 27
D-73732 Esslingen
www.barth-architekten.com
Seite 98
Fotos: Spatz Architekturfotografie, Esslingen

Becher + Rottkamp
Dipl.-Ing. Architekten BDA
Andreas R.Becher,
Elmar L.Rottkamp
Lietzenburger Straße 51
D-10789 Berlin
www.becher-rottkamp.de
Seite 62
Fotos: Stefan Müller, Berlin

Thomas Bechtold
Freier Architekt
Hirschbachstraße 23
D-77830 Bühlertal
Hohbaumweg 8
D-77815 Bühl-Baden
www.bau-werk-stadt.de
Seite 128
Fotos: Michael Frank, Forbach-Hundsbach

Julia Bergmann mit kleyer.koblitz.architekten
Urbanstraße 116
D-10967 Berlin
www.kleyerkoblitz.de
www.haus160plus.de
Seite 52
Fotos: Thorsten Klapsch, Berlin

Biehler Weith Associated
Building Design Projects
Christoph Biehler,
Ralf Heinz Weith
Rosgartenstraße 10
D-78462 Konstanz
www.biehler-weith.de
Seite 102 und Seite 136
Fotos: Brigida Gonzalez, Stuttgart

Caramel architekten ZT-gmbh katherl.haller.aspetsberger
Günter Katherl, Martin Haller,
Ulrich Aspetsberger
Schottenfeldgasse 72/II/3
A-1070 Wien
www.caramel.at
Seite 144
Fotos: Caramel architekten

Jan-Niclas Döpkens
Dipl.-Ing. Architekt
Brahmsstraße 10
D-28209 Bremen
www.doepkens-architekten.de
ProCon Ingenieurgesellschaft für wirtschaftliches Bauen mbH
Dipl.-Ing. Thorsten Nagel
Otto-Lilienthal-Straße 20
D-28199 Bremen
www.procon-ing.de
Seite 44

Fotos: maßstab digital imaging + fotografie Christian Haase, Bremen

Christine Edmaier
Dipl.-Ing. Architektin BDA
Köpenicker Straße 48/49
D-10179 Berlin
Christine.Edmaier@t-online.de
Seite 48
Fotos: Werner Huthmacher, Berlin

Gassner & Zarecky
Architekten und Ingenieure
Partnerschaft BDA
Maiglöckchenweg 16
D-85521 Riemerling
www.gassner-zarecky.de
Seite 114
Fotos Seite 115, 116 re.u.: Christoph Stieger, München
Fotos Seite 116 o. und li.u.: Norbert Zarecky, Neubiberg

Claudia Habrik-Sailer
Max-Redelstein-Straße 15
D-88416 Ochsenhausen
Seite 118
Fotos: Martin Duckek, Ulm

Partnerschaft HEIDERICH HUMMERT KLEIN
Architekten
Prinz-Friedrich-Karl-Straße 34
D-44135 Dortmund
www.heiderich-hummert-klein.de
Seite 70
Fotos: Heiderich Hummert Klein, Dortmund

KELLER + WITTIG Architekten GbR
Christian Keller,
Uwe Wittig, Isabel Mayer,
Hubertstraße 6–7
D-03044 Cottbus
www.keller-wittig.de
Seite 66
Fotos Seite 67, 69 o.: Keller + Wittig, Cottbus
Fotos Seite 68, 69 u.: Christiane Schleifenbaum, Cottbus

liquid architekten + christiane treiber
Kerstin Schultz, Werner Schulz, Christiane Treiber
Platz der Deutschen Einheit 21
D-64293 Darmstadt
www.clickliquid.de
Seite 84
Fotos: Thomas Ott, Darmstadt

Nikolaus Meißler Marion Hlawatschek
Architekten
Daphnestraße 12
D-81925 München
www.meissler-hlawatschek.de
Seite 110
Fotos: Michael Heinrich, München

Architekten BDA Mühlich, Fink & Partner
Prof. Dr.-Ing. Wolfgang Mühlich, Freier Architekt BDA DWB,
Dipl.-Ing. Peter Fink, Freier Architekt BDA,
Dr.-Ing. Christine Mühlich-von Staden, Planer SRL DWB
Heimstraße 11
D-89073 Ulm
www.mfp-ulm.de
Seite 106
Fotos: Armin Wenzel Fotodesign, Sielenbach

müller architekten
Matthias Müller
Freier Architekt BDA
Wilhelmstraße 5a
D-74072 Heilbronn
www.architekten-online.com
Seite 88 und Seite 92
Fotos: Dietmar Strauß, Besigheim

netzwerkarchitekten PartG
Architekten, Stadtplaner
und Ingenieure
Thilo Höhne, Karim Scharabi,
Philipp Schiffer,
Jochen Schuh, Markus
Schwieger, Oliver Witan
Donnersbergring 20
D-64295 Darmstadt
www.netzwerk-architekten.de
Seite 22
Fotos: Werner Huthmacher,
Berlin

neumann landwehr
architekten
Barbara Neumann-Landwehr,
Ulrich Neumann
Seepromenade 68
D-14476 Groß Glienicke
www.neumannlandwehrarchi-
tekten.de
Seite 56
Fotos: Stephan Falk, Berlin

OXEN + RÖMER
und PARTNER
ARCHITEKTEN UND
INGENIEURE BDA BDB
Dipl.-Ing. Bernd Oxen,
Dipl.-Ing. Bernd Römer
Kalscheurener Straße 19
D-50354 Hürth-Efferen
www.oxen-roemer.de
Seite 34
Fotos: Sabrina Rothe, Köln

pfeifer. kuhn. architekten
Prof. Günter Pfeifer BDA/DWB,
Dipl.-Ing. Christoph Kuhn BDA
Gartenstraße 19
D-79098 Freiburg
www.pfeifer-kuhn.de
Seite 124
Fotos: Ruedi Walti, Basel

Scheuring und Partner
Dipl.-Ing. Architekten
Prof. Andreas Scheuring,
Claudia Hannibal-Scheuring,
Martin Lohmann
Aachener Straße 40–44
D-50674 Köln
www.scheuring-partner.de
Seite 74
Fotos: Jens Willebrand, Köln

(se)arch
Prof. Stefanie
und Stephan Eberding
Freie Architekten
Weißenburgstraße 32
D-70180 Stuttgart
www.se-arch.de
Seite 28
Fotos: Zooey Braun, Stuttgart

Christine Timmermann
Mörikestraße 7A
D-22587 Hamburg
jctimmermann@aol.com
Seite 40
Fotos: Ferdinand Graf
von Luckner, Hamburg

Philipp Wieting – Werknetz
Architektur
Dipl.-Architekt ETH/SIA
Seebahnstraße 85
CH-8003 Zürich
www.werknetz.ch
Seite 152
Fotos: Archiv Architekt

wilhelm und partner
Freie Architekten BDA
Dipl.-Ing. Barbara Wilhelm
BDA/DWB, Prof. Dipl.-Ing.
Fritz Wilhelm BDA/DWB,
Dipl.-Ing. Frank Hovenbitzer
M.A.
Am Unteren Sonnenrain 4
D-79539 Lörrach
www.wilhelm-partner.com
Seite 140
Fotos: Thomas Dix, Grenzach-
Wyhlen

x architekten
mit Monika Liebmann
(Projektpartnerschaft)
Arch. DI Bettina Brunner
Arch. DI Rainer Kasik
Arch. DI Lorenz Prommegger
Arch. DI David Birgmann
Arch. DI Max Nirnberger
Mag. Arch. Monika Liebmann
Industriezeile 36/4
A-4020 Linz
Gumpendorferstraße 63g/15
A-1060 Wien
www.xarchitekten.com
Seite 148
Fotos: Max Nirnberger, Linz

Bildnachweis Einleitung:
Seite 8: Michael Heinrich, München; Seite 9: Barbara Burg / Oliver Schuh, www.palladium.de; Seite 10 o. aus: J. Wiener: Die Gesolei und die Düsseldorfer Architektur der 20er Jahre, Köln 2001; Seite 11 o.: Bildarchiv Foto Marburg; Seite 12 li. aus: K.-J. Sembach: Jugenstil, Köln 1993; Seite 14, 15 aus: T. Harlander: Villa und Eigenheim, Stuttgart/München 2001; Seite 17 li. aus: Werk, Bauen+Wohnen, 6/99; Seite 19: Richard Weston, Cardiff; Seite 20: © artur/Peter Cook/VIEW; Seite 21: Margherita Spiluttini, Wien
Bildnachweis Umschlag:
Abbildung Vorderseite:
Werner Hutmacher, Berlin; Rückseite unter Verwendung der Abb. von Seite 45, 111, 153

Dieses Buch ist in Zusammenarbeit mit dem internationalen Architekturmagazin HÄUSER des Verlags Gruner + Jahr erschienen und bildet die Ergebnisse des Wettbewerbs HÄUSER AWARD 2006 „Haus des Jahres" ab.

Streitfeldstraße 35,
81673 München
www.callwey.de
E-mail: buch@callwey.de

Die Deutsche Bibliothek verzeichnet diese Publikation in der Deutschen Nationalbibliografie; detaillierte bibliografische Daten sind im Internet über http://dnb.ddb.de abrufbar.

ISBN 3-7667-1662-X

Schutzumschlaggestaltung:
Andreas Funk, München
Buchgestaltung, Satz:
Griesbeckdesign, München
Lagepläne: Jens Schiewe
Alle übrigen abgebildeten Zeichnungen und Pläne wurden von den jeweiligen Architekturbüros zur Verfügung gestellt.
Druck und Bindung:
Kessler Verlagsdruckerei, Bobingen
Printed in Germany 2006